ひとり歩きの
GUIDE TO BANGKOK
バンコク

仲間美紀 & 佐倉弥生
Nakama Miki
and
Sakura Yayoi

めこん

目次

●── タイ料理 ──

ファミレス ——8
S&P *8*
シーファー *9*

お手軽タイ料理 ——*10*
アンナズ・カフェ *10*
ブリックキーヌー *11*

中・高級タイ料理 ——*12*
カニチャ *12*
バーン・カニタ *13*

タイスキ ——*14*
コカ *14*

イサーン ——*15*
バーン・ラーオ *15*

シーフード ——*16*
ソムブーン *16*
ソイ・テキサス *17*

宮廷料理 ——*18*
ブッサラカム *18*
タンジン *19*

リバーサイド ——*20*
ヨックヨー・マリーナ&レストラン *20*
スパトラー・リバーハウス *21*

フードセンター ——*22*
ユナイテッドセンター3階 *22*
ガーデンテラス *23*
マーブンクローンセンター *23*

屋台街 ——*24*
シーロム通りソイ10 *24*
伊勢丹向かい *25*
ソイ・ギンペット *26*

●── 各国料理 ──

韓国 ——*28*
ガボレ *28*

ベトナム ——*29*
フォー *29*

インドネシア ——*30*
バリ *30*

インド ——*31*
パサンド *31*

中華 ——*32*
シャングリラ *32*
遼寧餃子館 *33*

日本 ——*34*
葵 *34*
黒田 *35*

アメリカ ——*36*
ニールズ・タバーン *36*

イタリア ——*37*
パンパン *37*

スペイン ——*38*
オレ・オレ *38*

メキシコ ——*39*
セニョール・ピコ *39*

中近東 ——*40*
アル・フセイン *40*

ビュッフェ ——*41*
エスプレッソ *41*

カフェ ——*42*
チャイナジャーナル *42*
クレープ&Co. *43*

カフェ&スイス ——*44*
カフェ・スイス *44*

●── ショッピング ──

ショッピングセンター ——*46*
マーブンクローンセンター(MBK) *46*
ワールドトレードセンター&伊勢丹 *47*

デパート ―――――― 48
そごう 48
セントラル・チットロム店 49

高級デパート ―――――― 50
エンポリアム 50
ペニュンシュラ・プラザ 51
・VAT（付加価値税）還付について 51

タイ雑貨 ―――――― 52
ゲイソーンプラザ 52
ナライパン・パビリオン 53
ラーシサヤーム 54
ナビンハウス 55

陶磁器 ―――――― 56
タイ・セラドン 56
チイオリ 57

シルク＆コットン ―――――― 58
ジム・トンプソン 58
ナンダクワン 59

アンティーク ―――――― 60
コロニアル・レジェンド 60

NGOショップ ―――――― 61
ボランティアショップ 61

ゴールド ―――――― 62
煌剛文記大金行 62

シルバー ―――――― 63
リン・シルバークラフト 63

ジュエリー ―――――― 64
インドラ宝石店 64

ハーブ ―――――― 65
プラチャン通りのハーブ屋 65

オーダーメイド ―――――― 66
コットンハウス 66
タニカ 67
ナリン 68

皮革製品 ―――――― 69
サイアムブーテリー 69

コンピュータ ―――――― 70
パンティープ・プラザ 70

CD ―――――― 71
メーンボーン 71
タワー・レコード 71

本 ―――――― 72
紀伊國屋書店 72
アジアブックス 72

マッサージ＆エステ

タイ古式マッサージ ―――――― 74
ワット・ポー 76
ソイ・スリウォン 77
ポー・マッサージ 78
プラチャン通り 79
伊勢丹向かい 80

フットマッサージ ―――――― 81
ミスターフィート 81

エステ ―――――― 82
高級スパ 83
グランデ・スパ 83

エステ ―――――― 84
ハナコ・トーキョー 84
インドラ・ビューティー 85

格安エステ ―――――― 86
タルーンビューティー 86
ラバンス 87

ネイルサロン ―――――― 88
ネイルカフェ 88

ナイトライフ

キャバレーショー ―――――― 90
カリプソ・キャバレー 90
マンボ 91
・格安チケットを手に入れるには 91

ディスコ —————92
シーロム通りソイ4と
　その周辺のディスコ 92

ライブハウス —————94
スパッソ 94
メタルゾーン 95

バー —————96
バンブー・バー 96
サントス 97
Qバー 98

エンターテイメント＆レジャー

ショーレストラン —————100
サラタイ 100
タプティム・サイアム 101

タイダンス —————102
エラワン・ブーム 102

リケー —————103
ラックムアン 103

現代劇 —————104
パトラワディ・シアター 104

劇場 —————105
国立劇場 105
タイカルチャーセンター 105

ムエタイ —————106
ルンピニー・スタジアム 107
ラーチャダムヌーン・スタジアム 107

占い —————108
モンティエンホテル 108
ワット・ポー 109
ター・プラチャン 109

競馬 —————110
ロイヤルバンコクスポーツクラブ 110

アウトドア —————111
ルンピニー公園 111

映画 —————112
メジャー・シネプレックス 112
S.F.シネマシティ 112

水辺の旅

ディナークルーズ —————114
パール・オブ・サイアム 115
ロイナバ・ディナークルーズ 115

チャオプラヤー川クルーズ —116
チャオプラヤー・エクスプレス 116

運河ボートトリップ —————118
トンブリー運河 118
センセーブ運河 120

水上マーケット —————122
タリンチャン 122
ダムヌーンサドゥアック 124

アユタヤ・クルーズ —————126

市場めぐり

おみやげ —————128
チャトチャック・ウィークエンドマーケット 128

ナイトマーケット —————130
パッポン 130
サバーンプット 131

衣料品 —————132
カオサン通り＆バンランプー 132
プラトゥーナム 134
ボーベー 135

インド人街 —————136
パフラット 136

チャイナタウン —————137
サンペン・レーン 137

花・生鮮食品 ——————138
パーククローン市場 138
バーンラック市場 139

植木 ——————140
テウェート 140

●―― バンコクで 学ぶ ――

タイ文化体験 ——————142
マリサ ランゲージスクール 142
バーン・ワサナ 143
ボイスホビークラブ 144

タイ料理 ——————145
ワンディー料理学校 145

マッサージ ——————146
ワット・ポー・マッサージスクール 146

タイダンス ——————147
インターナショナル・タイダンス・アカデミー 147

タイ語短期学習 ——————148
トンロータイ語学校 149
AUAランゲージセンター 150
バーンパーサータイ 151
ベルリッツ 151

瞑想 ——————152
ワット・マハータート 152

ムエタイ ——————153
ジッティ・ジム 153

ダイビング ——————154
ダイブ・バンコク 154

●―― 博物館 ――

オールドタイハウス ——————156
ジム・トンプソンの家 156
カムティエン・ハウス 158

ククリット・タイハウス 159

宮殿 ——————160
ウィマンメーク宮殿 160
スアンパッカード宮殿 161

博物館 ——————162
国立博物館 162
法医学博物館 163

美術館 ——————164
国立美術館 164

●―― バンコク 街歩き ――

お寺めぐり ——————166
ワット・ポー 166
ワット・トライミット 167
ワット・プラケオ 168
ワット・ラカン 169

景色を楽しむ ——————170
ワット・アルン 170
プーカオ・トーン 171

バンコクの散歩道 ——————172
スクムビット通り 172
オリエンタル 173

仏教世界に触れる ——————174
ソイ・バーンバート 174
ブッダ・マーケット 175

遺跡を訪ねる ——————176
アユタヤ 176
バーンパイン宮殿 179

伝統工芸に親しむ ——————180
バーンサイ・アート＆
　クラフトセンター 180
クレット島 182

テーマパーク ——————184
ムアンボーラーン 184

バンコク歩きの豆知識

バンコクのホテル　*186*
バンコクでインターネット　*196*
現地ツアーを利用する　*197*
空港から市内へ　*198*
バンコク市内の交通　*200*
知っておくと便利な場所　*205*
バンコク基本情報　*206*

地図　①バンコク中心部
　　　②サイアムスクエア＆
　　　　ワールドトレードセンター
　　　③スクムビット通り
　　　④シーロム通り
　　　⑤王宮周辺
　　　⑥オリエンタル周辺
　　　⑦チャイナタウン

索引　*220*

本書の見方

※本文中の地図番号（例：MAP1 A-3）は、巻末の地図①〜⑦と対照してください。

※データはしばしば変更になります。金額やバスの路線番号はあくまでも目安とし、最新情報は現地でご確認ください。

※レストランの予算は目安です。中・高級レストランでは、実際の飲食代金にサービス料10%、税7%が加算されることがあります。

※商店やレストランは、本書に掲載している定休日以外にも、タイ正月などで休みとなることがあります。

※本書に掲載しているホテルの料金は、旅行代理店などで事前に予約をした場合の実勢料金の目安です。

地図凡例

Ⓗ ホテル	▲ 仏教寺院	🏛 博物館、美術館、劇場
Ⓢ 店	☪ モスク	⊕ 病院
Ⓡ レストラン	✝ 教会	🏫 学校
Ⓑ 銀行	ψ インド寺院	🏳 大使館
✉ 郵便局	🎬 映画館	⛴ 船着場

Thai Restaurants
タイ料理

ファミレス
お手軽タイ料理
中・高級タイ料理
タイスキ／イサーン
シーフード
宮廷料理
リバーサイド
フードセンター
屋台街

🍽 ファミレス

S&P S&P Restaurant and Bakery

MAP4 D-1

デザート類も充実。気軽に入れるタイ料理のファミレス

　バンコクに多くの店舗をもつファミレスチェーン。タイ風チャーハン、グリーンカレーといった定番料理から、ライ魚の丸ごとスープなど手の込んだ本格メニューまで食べられる。

　ファミレスの魅力は、やはり気楽に入れるところ。ひとりなので高級レストランには入りにくい、でも屋台やフードセンターばかりではつまらないという人も、気軽にいろいろなメニューに挑戦できる。

　盛りはやや少な目だが、味はマイルドで食べやすい。酸味のあるトムヤムスープに米麺を入れたトムヤムヌードルは屋台にありそうでないメニューで、小腹が空いたときにおすすめ。マンゴーの時期にはカオニャオ・マムアン（ココナツミルクで味付けしたもち米にマンゴーを添えたもの）など、季節のメニューも並ぶ。サンドイッチやパスタなど、タイ料理以外のメニューもある。

　新鮮な果物やアイスを使ったデザート類が豊富なのも、デザート派には魅力。特にパフェ類はいろいろあり、バナナスプリットやバナナロワイヤル、パイナップルの上にアイスを乗せたハワイアンデライトなどのほか、タイらしくもち米を使ったパフェまである。飲み物もファストフードとそれほど変わらない値段なので、買い物途中にひと休みというときに便利だ。

　チャオプラヤー川に面したマハーラート店にはオープンテラスがあり、シーフードの特別メニューも。ワット・プラケオ観光のついでに寄ってみては。

DATA

営業：10:00～22:00　無休（店舗により異なる）
住所：サイアムセンター1階、シーロムコンプレックス地下1階、シーロム通り、アマリンプラザ（アマリンそごう）、マハーラート船着場などに支店あり
予算：100B～　麺類、ごはん類60～70B、パフェ60B～、コーヒー25B

シーファー　世華　See Fa

本格的シーフードが味わえる老舗レストラン

　タイ料理は名前だけ聞いても何がなんだか…という状態だと、せっかくレストランに入っても、ついつい普通の麺やチャーハンを頼んでしまうもの。

　でもシーファーのメニューは日本語並記で、主な料理は写真つき。食べたことのないタイ料理に、きっと挑戦してみたくなる。

　麺類やごはん類も種類がいろいろあり、どれも値段は安いが、屋台では食べられないひと手間かかった料理がたくさん。得意料理はやっぱりシーフード。少し贅沢しても大丈夫なら、クン・オブ・ウンセン・モウディン（エビの土瓶蒸し）、プーパッポンカリー（カニのカレー炒め）、シーフードがたっぷり入ったトムヤムタレージャン（海鮮スープ）などがおすすめ。店頭に並べてある魚介類から好きなものを選んで、煮たり焼いたりしてもらうこともできる。ポピアトート（揚げ春巻き）、トートマンプラー（タイ風さつま揚げ）、ムーサテ（焼き豚）といったつまみ系も充実。ただしデザート類はアイスやフルーツがメインでシンプル。カフェとして休憩に利用するよりも、やはり食事に使いたい。

　何人かでワイワイ食べたいときはもちろん、食事どきを外せばひとりでゆっくり食事をするにもいい。ワールドトレードセンター6階の支店は、大きなガラス窓があって明るく、入りやすい雰囲気だ。

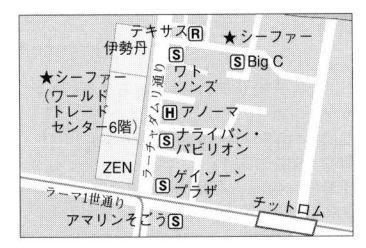

DATA

営業：10:00～22:00（店舗により異なる）無休
住所：ワールドトレードセンター6階、サイアムスクエア、プラトゥーナム、タニヤ通りなどに支店あり
予算：100B～　麺類60B～、トムヤムクン120B、トートマンプラー60B
予約：不要

お手軽タイ料理

アンナズ・カフェ　Anna's Cafe

MAP4 E-2

お茶も食事もOK。ひとりでもくつろげる万能型レストラン

　その店名からお茶とケーキのみのカフェと勘違いする人も多そうだが、味には定評のあるタイ料理のレストラン。特にタイ人の若い女性に人気が高い。

　リーズナブルな料金のわりに、店内は雰囲気満点。観葉植物が置かれ、テーブルには真っ白いクロス。天井では静かにファンが回り、壁には昔のバンコクの写真が飾られている。

　肝心の料理のほうは、タイカレーや麺類など、定番のタイ料理をほとんどカバー。メニューの「メインコース」には、白身魚揚げココナツソースがけの横に野菜とごはんがちょこんと添えられたものなど、おかずとごはんを皿に盛り合わせたメニューが何品かあり、ランチにぴったり。タイ各地の料理もあり、ココナツカレー味のスープ麺にやわらかく煮込んだ大きな鶏肉が入った、チェンマイ名物カーオソーイ・ガイなども食べられる。料理はどれもクセのない味つけだが、お上品な店にしては量もたっぷり。パスタやサンドウィッチなども用意されている。

　チーズケーキやチョコレートケーキ、アイスクリームといったデザートも充実しているので、午後のお茶にもぴったり。マルガリータ、メコンのコーラ割りなどのカクテルや、ワインも取り揃えている。

　従業員は若い男の子ばかりだが、サービスはまあまあ。昼下がりにひとりで食事をするにも、静かにグラスを傾けるのにも使えるレストランだ。

DATA

営業：11:00〜22:00　無休
行き方：BTSサラデーン駅から徒歩6分。サラデーン通りにある
住所：118 Soi Saladaeng, Silom Rd
電話：632-0620-1
予算：150B〜　麺類70〜80B、飲み物40〜60B、カクテル80〜120B

プリックキーヌー　Prik Kee Noo

MAP4 D-2

ちょっと変わったタイ料理が食べたくなったら

　オーソドックスなタイ料理やタイ各地の料理に加え、普通のレストランではあまり見かけないタイ料理が食べられる店。

　名物料理は「ゲーン・ソム・マラコー」。タマリンドや青パパイヤをハーブなどとじっくり煮込んだもので、煮込みというよりはオレンジ色の甘ずっぱいスープ。素焼きの器に入ってグツグツ言いながら出てくる。これだけだと少し飽きるが、何人かで行くときはスープ感覚で挑戦してみたい。

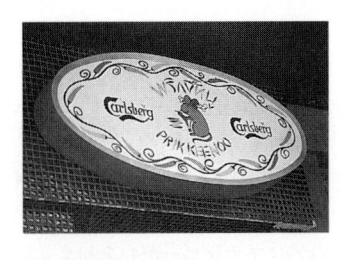

　タイの田舎料理を満喫したい人には「ゲーン・ラオ」がおすすめ。ラオス生まれの料理で、なす、竹の子、きのこなどをたっぷり入れて煮込んだヘルシーメニュー。黒ずんだ液体に具がプカプカ浮いていて見た目はイマイチだが、レモングラスと唐辛子がこれでもかというほど効いた、素朴ながら刺激的な味わい。ひと口食べれば、まだ見ぬメコン川がきっと目に浮かぶはず。

　プリックキーヌーとは、小粒ながら激辛の唐辛子のこと。その店名に恥じない挑戦メニューが「クイッティオ・パット・キーマオ」だ。一杯やって奥さんが寝てから帰ってきた亭主が、そのへんにある食材を適当に放り込んで焼そばを作ったところ、唐辛子を入れ過ぎて激辛に…という逸話にルーツをたどるという激辛焼きそば。これに限らず、全般的に料理は辛めだ。

　コンベント通りに面してあり、ふらっと気軽に入れるお店。窓越しに道行く人を眺めつつ、時間はずれの食事を楽しみたいときにぴったりだ。

DATA

営業：11:30～23:00　無休
行き方：BTSサラデーン駅より徒歩3分。コンベント通りにある
住所：1/2 Convent Rd, Silom Rd
電話：631-2325
予算：200B～　ゲーン・ソム・マラコー90B、ゲーン・ラオ70B、カーオソーイ80B

中・高級タイ料理

カニチャ Kannicha

MAP3 A-1

カラフルでおいしいタイ創作料理に舌鼓

タイの伝統料理にオリジナルテイストを加えた創作料理を出す店。メニューは普通のタイ料理店と変わらないが、一品一品に工夫とひねりがある。

店内は明るく、壁には現代絵画が所狭しと並べられており、レモングラスのアロマテラピーが心を和ませてくれる。ボーイの身につけるベストは赤、緑、黄色の3色で、蝶ネクタイも黄色。

食器もオレンジ、黄色などカラフルで可愛く、ライスは普通の白飯にサフランの黄色、バイトゥーイという香り草の緑の3色のものが出てくる。

特に凝っていておいしいのは前菜で、香ばしいおこげといっしょに食べるカーオ・タン・ミィヤン・ラーオ、黄金色をした花のような海老入りグラントーンなどがおすすめ。ソムオーというざぼんの一種を使ったサラダ、ヤム・ソムオー、海の幸たっぷりのココナツ味の蒸し料理ホーモック・タレー、姫海老入りカレーのチューチー・クンナーン、中華風スープのゲンジュー・ソンクルアンなど、おかず類も豊富。写真付きのメニューもある。

デザートは全10種類で60バーツから。シンプルなココナツミルクのアイスクリームから、ボリュームたっぷりのマンゴーともち米のお菓子カオニャオ・マムアンもある。昼間はティールームとしても使える。

DATA

営業：11:30～22:30　無休
行き方：BTSナナ駅より徒歩5分
住所：17 Soi 11, Sukhumvit Rd
電話：651-1573-4　予約：不要
予算：300～350B　ヤム・ソムオー140B、ホーモック・タレー190B、チューチー・クンナーン210B、ゲンジュー・ソンクルアン150B

中・高級タイ料理

バーン・カニタ　Baan Khanitha

MAP3 C-1

4年連続で「ベスト・タイレストラン」に選ばれた名店

　スクムビット通りのソイ23にはおしゃれでおいしいレストランが集まっており、どの店を選んでもまず間違いはないのだが、中でもここバーン・カニタは折り紙つきの高級タイレストラン。96年にオープンし、翌年から地元有名雑誌で4年連続ベスト・タイレストランに選ばれたほどの人気で、店の雰囲気、料理、サービスともに充実している。

　外観はレストランというよりも、タイ人の家に招かれたかのような雰囲気。店内に入ると、落ち着いた木製のテーブルと椅子の周りには、選び抜かれたアンティーク家具、グリーンがほどよく配置されており、スタッフが温かく迎え入れてくれる。ガラス張りなので明るく、建物を取り囲むように生い茂る南国の植物たちを眺めていると、バンコクの喧噪をすぐに忘れてしまう。

　料理の味は全体的にマイルドで上品な仕上がりになっており、盛りつけも美しい。1品200バーツ前後と、値段は高めの設定。セットメニューもあり、700〜1000バーツ程度。客層は西洋人やハイソなタイ人が多く、場所がら在タイ日本人の姿もよく見かける。予約は基本的に必要ないが、週末のディナー時は予約したほうが確実。

　ソイ・ルアムルディーに支店があり（地図2 F-3）、こちらはゆったりとしたスペースに、ギャラリー風の内装が自慢。どちらもタイ料理を食べたいときに、まず最初に思い出してほしいレストランだ。

DATA

営業：11:00〜14:00、18:00〜23:00　無休
予算：500〜1000B
行き方：BTSアソーク駅から徒歩10分
住所：36/1 Soi 23, Soi Prasanmit Sukhumvit Rd
電話：258-4181　予約：不要

タイスキ

コカ（可口麺食） Coka

MAP4 B-2

サイドメニューも充実の老舗タイスキ店

タイに行ったら、一度は食べてみたいのがタイスキ。タイスキといってもタイ風のスキヤキではなく、日本で言う寄せ鍋のようなものだ。

食べ方にこれといった作法はなく、薄味のついたスープの中に、好みの具を入れるだけ。具に火が通ったら編目の杓子ですくい、タレをつけて好き勝手に食べればいい。具は肉、野菜のほかにカニやエビなどの魚介類、豆腐、エビ団子などの練りもの、春雨、水ギョウザ、麺など、実にバラエティ豊か。1種類ずつ、小皿に盛られて出てくる。

日本人なら忘れてはならないのが、締めの雑炊づくり。具をほぼ食べつくし、ダシがほどよくスープに染み出たところで、鍋にごはんを入れる。

タイスキの老舗コカは支店も多く、タイスキデビューにはぴったり。甘辛のタレがかかったペットヤーン（ローストダック）、サクサクのポピアトート（揚げ春巻）など、タイスキ以外のサイドメニューがおいしいことでも有名だ。

コカ・ファミリーの「コカ・エクスプレス」は、200バーツ程度でタイスキや点心が食べ放題。スープの味はいまひとつだが、大食いには嬉しいお店。サイアムディスカバリーセンターなどに入っている。

ほかにはM.K.、カントン、テキサスなどが、名の知れたタイスキチェーン。基本的なスタイルや具はどこも大して変わらないが、タレの味や辛さが微妙に異なり、このあたりが人気を左右するポイントだとか。

DATA

営業：11:00〜22:00　無休（店舗により異なる）
予算：250B〜
スリウォン店：8 Soi Tantawan, Surawong Rd
行き方：BTSサラデーン駅から徒歩6分
主な支店：ワールドトレードセンター6階、サイアムスクエア・ソイ2、タイムズスクエア地下1階、スクムビット通りソイ39など

イサーン

バーン・ラーオ　Bane Lao

MAP3 E-3

独自の食文化を築いたラオス・タイ東北地方料理の店

　古くからある、地元では有名な店。バーン・ラーオとは「ラオスの家」という意味。その名のとおり、店内はラオスの田舎の家に迷いこんでしまったかのような雰囲気。屋外の敷地は竹の木で囲まれており、竹製のテーブルと椅子、バナナの葉で作られたサーラー（あずま屋の意、お座敷風になっている）の屋根、タイ・ラオスの伝統的織物を使用したテーブルクロスなど、他店では見られない素朴な味わいがある。同地方の伝統楽器であるケーンその他を使った生演奏が入り、タイ女性が踊りや歌を披露してくれる。

　料理はラオス料理もしくはタイの東北地方・イサーンの料理で、両者はほとんど同じものと考えていいだろう。おすすめは青いパパイヤを使ったサラダ「ソムタム」。タマリンドで甘さと酸味を出しており、上品な味がする。ラオスのすき焼きとたとえられるジェオ・ホンは辛いが日本人好みの味。田鶏の炭火焼き「ガイ・ナー・ヤーン」、あぶった豚肉のスパイスあえ「ムーヤーン・ナムトック」、イサーン風ソーセージ「サイクローク・イサーン」など、まずは基本的料理から注文してみたい。

　これらの料理はタイ料理とはひと味違い、非常に美味。蒸したもち米カオニャオといっしょに食べる。酒にもよく合うので、タイ産のシンハー・ビールやセンティップ・ウイスキーで決めてみたい。

DATA

営業：17:30～22:30　無休
行き方：BTSトンロー駅より徒歩7分
住所：49 Soi 36 Sukhumvit Rd, Nophasap Yoek 1
電話：258-6096　予約：不要
予算：150～200B　ソムタム40B、ジェオ・ホン150B、ガイ・ナー・ヤーン95～190B、ムーヤーン・ナムトック80B

シーフード

ソムブーン　建興酒店　Somboon

MAP4 A-2

カニのカレー炒めがおいしいシーフードの殿堂

　バンコクでシーフードといえば、まず名前が挙がるのがここ。ガイドブックには必ず載っている有名店だが、味のほうは地元タイ人の折り紙つきだ。

　誰もが注文する名物料理は、プーパッポンカリー（ワタリガニのカレー炒め）。甲羅ごとのワタリガニをゆでて、ココナツミルクとカレーで味付けをし、溶き卵でふんわりと仕上げたもの。まずカニの身にかぶりついてから、カニ味とカレー味がしみ込んだ玉子とタレの部分を、白いごはんにかけて食べる。これがまたごはんによく合って、これだけで何杯も食べられるほど。

　大きなエビを生のまま食す、クンチェーナムプラー（活エビのナムプラー漬け）もおすすめ。簡単に言えばエビのお刺身だが、ニンニクや唐辛子たっぷりのタレにつけて食べる。タイで生食は少々勇気がいるが、お客が多く食材の回転もいい店なので安心（？）。このほか、トムヤムクン、カニチャーハンといったシーフードを使った定番料理も人気だ。

　店内は堅苦しい雰囲気が一切なく、あくまで味で勝負の大衆的レストラン。料金のほうも、2人で飲んで食べて600バーツくらいと驚きの安さだ。

　バンコクに何店舗かあり、観光客にはスリウォン通り店がわかりやすいが、食通によると本店（地図2 A-2）のほうがおいしいとか。本店の隣には、ソムブーン・チャイニーズという中華料理店があるので、間違えないで。

DATA

営業：16:00～23:30　無休
予算：300B～　プーパッポンカリー大300B／小160B
本店：895/6-21 Soi chula8, Ban that thong Rd
　　　電話214-4927　（地図2 A-2）
スリウォン店：169/7-11 Suriwong Rd
　　　電話233-3104

シーフード

ソイ・テキサス Soi Texas

MAP7 B-2

チャイナタウンの青空屋台で、リーズナブルに海鮮三昧

　チャイナタウンのメインストリート、ヤワラート通りとチャルーンクルン通りを結ぶソイ・テキサス（パドゥン・ダオ通り）。心地よい風が吹きはじめる夕暮れどきになると、路上にテーブルとイスが並べられ、何軒ものシーフードの屋台が次々に営業を開始する。

　ここに来たら絶対に外せないのが、エビの炭火焼き（クン・パオ）やカニの炭火焼き（プー・パオ）。手長エビやカニを炭火であぶり、タレをつけて食べるだけという、素材の味が生きる究極のシンプルメニューだ。サバのお腹に香草を詰め、アルミホイルに包んで蒸し焼きにしたプラー・サバ・パオや、小さな巻き貝やカキの炭火焼きも人気。あつあつのエビの殻をむき、ハフハフ言いながらかぶりつけば、きっと忘れられない旅の思い出に。

　サイドメニューにはトムヤムクン、エビと春雨を土鍋に入れて蒸したクン・オプ・ウンセンがおすすめ。ほかにもひととおりのタイ料理がある。

　屋台といってもだいたい英語メニューが用意してあるので、注文には困らない。エビやカニは店先に並んでいる中から自分で新鮮なものが選べ、炭火焼き以外にも、好きな方法で料理してもらうことができる。

　タイ人の家族連れや友人同士でいつもにぎやかだが、今では外国人旅行者にもすっかり有名になり、欧米人や日本人の姿も少なくない。何人かで誘いあわせて、わいわい食事を楽しみたい。

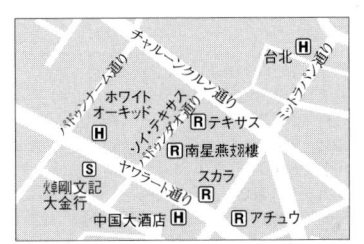

DATA

営業：18:00頃～　無休
住所：チャイナタウンのメインストリート、ヤワラート通りとチャルーンクルン通りを結ぶパドゥン・ダオ通りのヤワラート通り側
予算：200B～　エビ1kg200B～、カキ1個30B～

宮廷料理

ブッサラカム Bussaracum

MAP6 C-3

タイの宮廷料理を心ゆくまで味わえる

　タイ宮廷料理を楽しめる高級レストラン。店内はキム（タイの伝統楽器）の生演奏が静かに流れ、タイの民族衣装を身につけたスタッフが行き届いた給仕をしてくれる。

　メニューは写真つきで、日本語も添えられているのでわかりやすく、店のおすすめメニューには星印がついている。何を選ぼうかと迷ってしまう人のために、495〜995バーツまで11種のセットメニューも用意されている。

　前菜には、宮廷料理の代表的存在である、紫の花をかたどった「鶏肉入りの華の形のつくね（メニューのまま）」がおすすめ。トムヤムクンは上品な味付けで、海老が新鮮でおいしい。生野菜をたっぷり食べられる「海老のグリル」は、レモングラスとショウガでさっぱりと仕上げた海老入りソースが、美しいカービング（彫刻）を施された生のヒョウタンの中に入れられていて豪華。このソースをにんじん、なす、いんげん、キャベツなどの生野菜とともに食べる一品で、いかにもタイらしい料理。

　デザートは40バーツから。フルーツジュースも80〜110バーツと少々高めだが美味。特におすすめなのはマンゴージュースで、マンゴーの酸味がほどよくきいている。料理は全体的に、上品な中にもタイ料理の個性がしっかり入っているという印象。リッチな気分もたっぷり味わえるお店。

DATA

営業：11:00〜14:00、17:00〜22:30　無休
行き方：BTSサラデーン駅からバスまたはタクシー
住所：139 Sethiwan Bldg, Pan Rd, Silom Rd
電話：266-6312-8
予算：500B〜　トムヤムクン90〜180B、海老のグリル280B、マンゴージュース110B
予約：不要　メニュー：日本語、英語

宮廷料理

タンジン　Tanying

MAP6 C-3

宮廷料理といえば、やっぱりこのレストラン

　宮廷料理のレストランと言われてまず思い浮かべるのが、王室の親族が経営するこのお店。庭つきの瀟洒な一軒家をそのままレストランにしたような外観で、夜は庭木に飾られた白い電飾が闇の中で光って美しい。店内もシックで落ち着きがあり、ゆっくりと食事が楽しめる。店名のタンジンとは貴婦人という意味で、その名にふさわしい雰囲気と内装、サービスが日々提供されている。実際、各国のVIPもこのレストランに招かれ、日本の皇室関係者がここで食事されたこともある。特別な人といっしょに、おしゃれをして出かけるのにぴったりの店だ。

　料理は辛さをほどよく抑えて上品な仕上がりになっており、タイ料理の初心者や辛いのが苦手な人でも満足できる味。スタンダードなメニューに加え、前菜やタイ・カレー、トムヤムクンなどが出てくる数種類のセットメニューも用意され、値段も500～1000バーツ程度と、このクラスのレストランにしてはお手頃な価格となっている。メニューは日本語も併記されているので選びやすい。どの料理も繊細で手間ひまかけて作られているので、あとは個人の好みで選べば間違いはない。

　タンジンは伊勢丹の6階、紀伊國屋書店向かいに支店があり、こちらはショッピングの途中に立ち寄るのに便利。もちろん味や雰囲気、サービスも本店に引けは取らない。ただし閉店時間は本店より30分早い夜10時半となっている。

DATA

営業：11:00～23:00　無休
行き方：BTSスラサック駅から徒歩6分
住所：10, Soi Pramuang, Silom Rd
電話：236-4361
メニュー：日本語、英語　予約：不要
予算：500～1500B

🍜 リバーサイド

ヨックヨー・マリーナ&レストラン Yok Yor Marina & Restaurant

MAP6 A-1

ディナークルーズも運行。タイ人に人気の庶民派レストラン

　アンティークショップが集まるショッピングセンター「リバーシティ」の対岸にある、大衆的リバーサイドレストラン。とにかくメニューの多さは圧巻で、オーソドックスなタイ料理に加え、中華料理から西洋料理、日本料理、韓国料理までがずらり。タイ料理はトムヤムクンやトートマンプラー（魚のすり身揚げ）、パッタイ（タイ風焼そば）などオーソドックスなメニューが人気。値段のほうも、街角の食堂とそれほど変わらずリーズナブルだ。ビール片手に対岸の明かりを眺めればムードも満点。リバーサイドの眺めのいい席に座りたければ、少し早めに出かけよう。夜にはタイダンスの上演もある。

　ヨックヨー・マリーナは毎晩ディナークルーズも運行している。乗船料はたったの80バーツという格安クルーズで、テーブルごとに料理をオーダーする仕組み。2人で800Bも出せば、クルーズを楽しんだうえお腹いっぱい飲み食いできる。船は20時にヨックヨー・マリーナを出発し、22時過ぎに帰着。ハイシーズンでなければ予約なしでもOKだが、料理を注文する時間もあるので少し早めに出かけよう。

　バンコクに何店舗かあるが、リバーシティの対岸にあるヨックヨー・マリーナとヨックヨー（クローンサン）の2軒がわかりやすい。どちらもリバーシティからヨックヨーの送迎ボートで行ける。

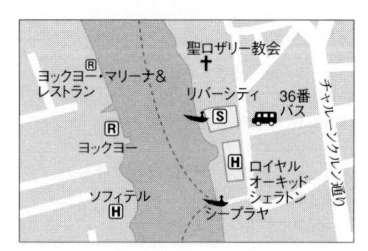

DATA

営業：11:00～23:00　無休
行き方：リバーシティから無料送迎ボートあり。ディナークルーズはヨックヨー・マリーナ発
住所：313 Visuthikasat Rd, Bangkhunphrom
電話：863-0565-6
HP：http://www.yokyor.co.th/
予算：400B～/2人

リバーサイド

スパトラー・リバーハウス　Supatra River House

MAP5 A-3

タイ料理

シーフードメニューが人気。週末にはダイニングシアターも

　船会社チャオプラヤー・エクスプレス社のオーナーで、女性の権利唱導者のリーダーだった故スパトラー女史の住まいを利用した話題のレストラン。

　料理はスパトラー女史が好きだったというシーフードがメイン。パイナップルフライドライス、トムヤムクン、シーフードバスケットなどが含まれるセットメニューが何種類か用意されているほか、サーモン料理やハーブサラダといった人気メニューをアラカルトで注文することもできる（ショーを鑑賞する場合は400バーツ以上注文）。

　必見なのは毎週金・土曜の夜に開催されるダイニングシアター。タイの古典舞踏や伝統音楽に現代的な味付けをしたパフォーマンスは、タイの現代演劇界をリードするスパトラー女史の娘によるプロデュース。よくある観光客向けディナーショーとはひと味もふた味も違い、1シーン1シーン目が離せない。

　レストランはショーがよく見える「タイハウス」、川に面した「リバーサイドハウス」、同じく川に面したオープンテラスの「テラス」という3つのセクションに分かれている。予約をするときは「ショーがよく見える席」のように言うといい。建物の2階はスパトラー女史の記念館になっている。

　マハーラート船着場から無料送迎ボートが出るが、ター・チャン船着場から渡し船で行ったほうが待たなくてすむ（船着場からは徒歩3分）。

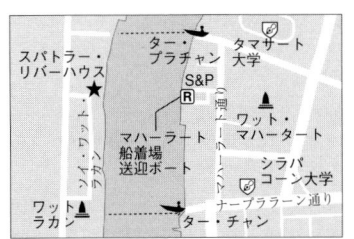

DATA

営業：11:30〜14:30、18:00〜23:00　無休
＊ショーは金土の20:30から
行き方：ワット・プラケオから徒歩4分のマハーラート船着場から無料送迎ボートあり
住所：266 Soi Wat Rakhang, Arun Amarin Rd
電話：411-0305（週末は予約が望ましい）
予算：セット650〜850B

🍜 フードセンター

　フードセンター（フードコート）とは、クーポン制の食堂街のこと。小さな食べ物屋がたくさん集まった屋内の屋台村で、大きなショッピングセンターにはたいてい入っている。

　料理は麺類やごはん類など簡単なものがメイン。料金は屋台より5〜10バーツ程度高めだが、屋台料理の数々がエアコンのきいた店内でゆっくり味わえる。衛生状態も屋台よりはいいので、屋台はどうしても腰が引けてしまう人でも安心だ。日本料理を出す店があるフードセンターも多く、怪し気なお寿司や焼きそば、サバ定食などが格安で食べられる。

　フードセンターを利用する場合は、まずクーポンカウンターで50バーツ、100バーツと適当な金額のクーポンを購入。好きなお店に行って料理を注文し、料金分のクーポンを渡す。クーポンが余ったら、リファンド（払い戻し）カウンターで払い戻してもらえる。

　ここに挙げた以外には、ワールドトレードセンター6階、サイアムセンター3階、アマリンプラザ4階、プルンチットセンター5階などにあるフードセンターも旅行者には便利だ。

ユナイテッドセンター3階　United Center

MAP4 C-2

タイ人サラリーマン・OLご用達。オフィスビルのフードセンター

　オフィス街のシーロム通りにあり、お客はタイ人OLやサラリーマンがほとんど。ビルのワンフロアをまるまる使っているので収容人数は多く、入っている店の数や料理もバラエティに富んでいる。周辺には屋台もたくさんあるが、エアコンのきいたところで安上がりな食事をしたいという人には便利。混雑するのはお昼の1時間だけで、昼休みの終わる時間になるとあっという間に人がいなくなる。

DATA

営業：11:00〜15:00頃　定休：日
行き方：BTSサラデーン駅より徒歩4分。ユナイテッドセンター3階

フードセンター

ガーデンテラス（エンポリアム5階）　The Garden Terrace

MAP3 D-2

眺めはバツグン。買い物の合間に立ち寄れる

　人気デパート「エンポリアム」の5階は、ファストフード、レストラン、お惣菜屋が集まる大食べ物街。そのため片隅にあるフードコートは今ひとつ影が薄く、デパートの規模のわりにお店の数はそれほど多くない。

　メニューも麺類などオーソドックスなものばかりだが、外国人もよく利用するので英語のお品書きがあり、注文しやすいのがメリット。大きなガラス窓からは、隣のクイーンシリキット公園や、その向こうにそびえる高層ホテル、スカイトレインがよく見える。日

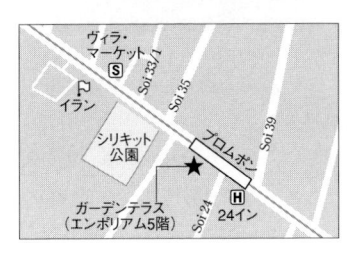

DATA

営業：10:00～21:00　無休
行き方：BTSプロムポン駅より直通連絡通路あり

マーブンクローンセンター6階　Mar Boon Khrong Center

MAP2 B-2

料理のバラエティはNO.1。あらゆる屋台メニューが楽しめる

　地元の人にはもちろん、旅行者にも大人気のフードセンター。とにかくお店の数が多く、あらゆるタイ料理に挑戦できる。デザート類も豊富で、日本食やベトナム料理の店もある。ただし人気のショッピングセンターにあるので、ざわざわしていて落ち着かないのが難。広すぎてわけがわからないという人には、4階にある小さなフードセンターがおすすめ。カーオマンガイ（蒸し鶏のせごはん）がおいしい。

DATA

営業：10:00～21:00　無休
行き方：BTSナショナルスタジアム駅より直通連絡通路あり

屋台街

シーロム通りソイ10　Soi 10, Thanon Silom

MAP4 B-2

お昼どきはOLがぎっしり。オフィス街の巨大屋台街

　一流企業のオフィスが集まるシーロム通り。ここには通勤前やお昼休みのOLやサラリーマンを当てこんだ屋台街が、昼間を中心に何カ所かに出現する。

　その巨大さでほかを圧倒するのが、ITFビルの横、シーロム通りソイ10を入ったところにある屋台街。お昼どきになると、近くのオフィスで働くOLやワイシャツ姿のサラリーマンが繰り出し、広い屋台街もすき間なくぎっしり席が埋まる。

　特別な名物料理や品揃えの特徴はないものの、タイカレーや麺類、蒸し鶏のせごはんなど、屋台の定番料理なら何でもある。一皿料理はたいてい20バーツ、ごはんにおかずを2品のせても20バーツと、値段も安い。半屋外なのでエアコンはないが、雨がしのげるよう屋根はついている。

　屋台街の手前では、洋服や雑貨、CDの露店が店開き。お昼休みの過ごし方はどの国も似たようなものらしく、短い時間でお昼をかきこんだOLが、余った時間で買い物にいそしんだり、おやつを買い込んだりしている。

　ここよりは小規模だが、サラデーン通りを入って30メートルほど歩いたところにも、同じような屋根つきの屋台街がある。営業はお昼どきのみ。

　またバンコク銀行本店横のソイ5にも朝から夕方くらいまで洋服や雑貨などの露店や食べ物屋台が出て、お昼どきは押すな押すなの大混雑。安くていい買い物ができる穴場的存在だ。

DATA

営業：7:00～21:00頃（店により異なる）お昼どきがにぎやか

行き方：BTSサラデーン駅より徒歩7分。シーロム通りのソイ10を入ったところ。スリウォン通りからも行くことができる

屋台街

伊勢丹向かい

MAP2 D-2

イサーン鍋が大人気。伊勢丹向かいの小さな屋台街

　日本人なら誰もが足を運ぶ「伊勢丹」から、最も近い屋台街。ラーチャダムリ通りを挟んで伊勢丹の向かい側にある。

　ワトソンズの向かって左側の道を少し歩くと、昼間から営業している小さな屋台街が出現。屋台は6～7軒程度でそれほど規模は大きくないが、蒸し鶏のせごはんや麺類のほか、素朴さと辛さが魅力のイサーン(東北タイ)料理の屋台も出る。イサーン料理といえば、ひき肉をマナオ(ライム)汁、ハーブ、ナムプラーなどで味付けしたラープや、鶏肉を炭火で焼いたガイヤーンが有名。また青パパイヤを千切りにし、すり鉢に調味料とともに入れてポクポク叩いたソムタムも不動の人気料理だ。

　ワトソンズの向かって右側の道を入って行くと、夕方から盛り上がる屋台街がある。ここで誰もが頼むチムチュムは、土鍋に肉や魚、野菜、春雨、ハーブなどを入れてグツグツ煮るイサーン風の鍋料理。具は種類ごとにお皿に美しく盛られているので、指差し注文でOK。ジンギスカン風の鍋も人気だ。

　屋台街からは少し離れるが、ラーチャダムリ通り沿いには焼きおにぎりを売る人もたまに出没する。もち米を丸めて平たくし、味付けした溶き卵をハケで塗って炭火で焼いたもの。排気ガスがもうもうと巻き上がる大通り沿いにあるのが玉にキズだが、小腹が空いたときにはぴったりだ。

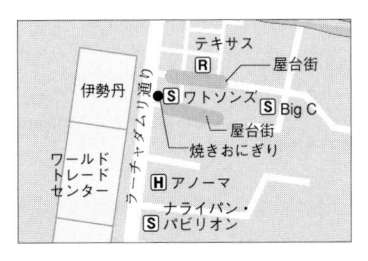

DATA

行き方：BTSチットロム駅より徒歩7分

屋台街

ソイ・ギンペット（ペッブリー通りソイ10） MAP2 B-1

庶民の胃袋を満たす、生鮮市場と屋台が立ち並ぶ通り

　夕方5時頃になると、長さ200メートルくらいの小道（ソイ）が屋台でぎっしりと埋まり、庶民の胃袋を満たす場所へ夜毎姿を変える。ソイ10と12の間にはペッブリー・マーケットが朝から開いていて、野菜、魚、肉などの生鮮食料品や、衣類、雑貨などを売っている。屋台の店主はここで材料を仕入れ、仕込みをして夜の出店に備えるのだ。

　料理はだいたいひととおり揃っており、ここに来ればたいていの屋台料理が満喫できる。麺料理、ごはんの上におかずをのせて食べる一膳飯、イサーン（東北タイ）料理、シーフード、お粥、タイ風ベーカリー、氷菓子、フルーツジュースなど、実にバラエティ豊か。持ち帰り専門の店もあるが、多くは近くにテーブル席を用意して、その場で食べられるようになっている。

　この一帯は華人が多く住んでおり、中華系料理も豊富。また毎年旧暦の10月1日から9日間、肉を一切食べないギン・ジェーという中国の風習が行われ、屋台料理もベジタリアン料理へと一変する。目印は「斎」と書かれた黄色い三角の旗。特別メニューもたくさん登場するので、この時期に旅行したならぜひ立ち寄ってほしい。

　値段は麺や一品料理なら20〜40バーツくらい。シーフードなどを注文しなければ、50バーツほどでデザートまで食べられる。ペッブリー通りを挟んで向かい側のソイ5（ソイ・ウィッタヤライ・クルー）にも、屋台がたくさん並んでいる。

DATA

営業：17:00〜
行き方：BTSラーチャテーウィー駅より徒歩7分。アジアホテル脇の道をまっすぐ300mほど行って右折

International Restaurants
各国料理

韓国／ベトナム
インドネシア／インド
中華
日本
イタリア
スペイン／アメリカ
中近東
ビュッフェ&アフタヌーンティー
カフェ
カフェ&スイス

韓国

ガボレ　Kabore

MAP3 B-1

サービスで付く9種の前菜に思わずニッコリ

　この店が入るスクムビットプラザは、韓国料理店ばかりがズラリと軒を連ねる不思議空間。バンコクには韓国人もたくさん住んでおり、このビル周辺には韓国料理店が集結している。各店とも優劣つけがたく、あとは個人の好みとなるが、目安としてスタンダードなこの店を紹介しよう。

　店の入り口の赤い看板には、大きく日本語で「ガボレ」と書いてあり、見つけやすい。メニューも写真と日本語付き。注文すると、無料でキムチやカクテキ、卵豆腐に茹でた赤貝などの前菜が9種類も出てくるのが嬉しい。炭火プルコギ、カルビなど、手頃な値段の肉を注文すると、真っ赤に焼けた炭火が運ばれてきて、テーブル上で焼き肉が楽しめる。

　おすすめは牛生肉を使ったユッケ。さっぱりとした味付けの生牛肉と生卵をよく混ぜてから、リンゴのような甘味とシャキシャキ感のある、マン・ゲーオという添え付けの生イモといっしょに食べる。

　健康オタクの方におすすめなのは、薬膳料理のサンゲタン（参鶏湯）。栗、ナツメ、ニンニクなど体によい食材がたっぷり入っている。石焼きビビンバ、汁かけごはんのクッパ、ハムフン冷麺、韓国風お好み焼きのハジョンなど、一品のみをチョイスすることもできる。食事の最後には、甘いハッカ水がサービスされる。

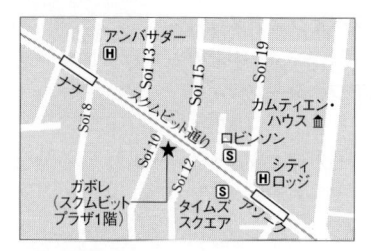

DATA

営業：10:00〜22:30　無休
行き方：BTSアソーク駅より徒歩3分
住所：212/14 Sukhumvit Plaza 1F, Soi 12, Sukhumvit Rd　電話：252-5375
予算：200〜300B　サンゲタン250B、炭火プルコギ200B、カルビ220B、ユッケ200B、ハジョン150〜160B

韓国／ベトナム

🍴 ベトナム

フォー Pho

MAP4 E-1

気軽に入れるベトナム料理のチェーンレストラン

　ひと口にベトナム料理といっても北と南ではずいぶん異なり、それぞれに独特の名物料理がある。この店はベトナム各地の料理をうまく取り入れた、現代風ベトナム料理のレストラン。アートがかった内装や、工夫を凝らした料理の盛り付けも人気の秘密だ。

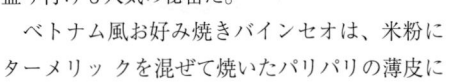

　ベトナム風お好み焼きバインセオは、米粉にターメリックを混ぜて焼いたパリパリの薄皮に春雨、挽き肉などを包んだもの。値段のわりにかなりのボリュームだが、フォー（ベトナム麺）のおかずに頼みたい。雷魚の切り身と野菜を炒めたハノイの名物料理チャーカーも、本場より洗練された味。何人かで行くときは、海鮮や野菜がたっぷりのベトナム風スキがおすすめ。ベトナム風川海老揚げ＆ガーリックライスなどのセットメニューもある。

　主なメニューを注文すると、山盛りの生野菜となぜかキムチが付け合わせに出てくる。お茶はティーバックだがポットでサーブされ、お湯をじゃんじゃん継ぎ足してくれる。ワインはフランスものが中心。ふらっと入れる雰囲気だが決して安っぽくなく、店員のサービスもスマート。料金もリーズナブルなので、お茶の時間におやつ感覚で春巻きをつまみに来るにもいい。

　ベトナム料理は野菜をたっぷり使っていてとてもヘルシー。タイ料理のような強烈な香辛料を使っていないので日本人の口にも合い、タイ旅行中の箸休め的な存在になる。

DATA

営業：11:00〜22:00　無休
支店：シーロム通り、サイアムセンター、チットロム（セントラル・チットロム裏）、トンロー55thプラザなどに支店あり
予算：フォー60〜70B、ベトナム風スキ200B、お茶35B、ソフトドリンク20B〜

インドネシア

バリ　Bali

MAP2 F-3

本場のインドネシア料理が満喫できるレストラン

　インドネシア各島の料理が味わえるレストラン。店内はインドネシアのインテリアでさりげなくまとめられ、素朴でくつろげる雰囲気を演出している。

　インドネシア料理といえば有名なのが、鶏肉や牛肉をタレに漬け込み、串に刺して炭火で焼いたサテ。肉がとても柔らかく、そのままでも味がしっかり染みていておいしいが、ピーナッツベースの甘いタレをたっぷりつければ気分はすっかりインドネシア。

　にんじん、いんげん、きゅうり、トマトなどの野菜と厚揚げを混ぜ、ピーナッツソースであえたサラダ「ガドガド」も誰もが頼む品。ココナッツや各種スパイスでじっくり煮込んだレンダンビーフ（牛肉の香辛料煮）はメインにぴったり。食後のデザートにはバナナを小麦粉で包んで揚げたピサンゴレンがおすすめ。全般的に日本人にはやや油っこく感じられるかもしれないが、タイ料理とはまったく異なった食文化が体験できる。

　お腹に余裕があれば、ついでに注文したいのがテンペと豆腐を炒めたサンバルゴレン・テンペ。テンペはインドネシアの納豆といわれる大豆の醗酵食品だが、日本の納豆のようにねばりや匂いはなく、まめまめして香ばしさもある。

　何を注文すればいいのかさっぱりわからない場合は、人気のメニューを何種類か盛り合わせたセットランチやセットディナーを頼めば、本場インドネシアの味が何種類も同時に楽しめる。

DATA

営業：11:00〜22:00　日曜は夜のみ
＊週末は予約したほうがいい
行き方：BTSプルンチット駅から徒歩6分
住所：15/3 Soi Ruamrudee, Ploenchit Rd
電話：250-0711
予算：250B〜　セットランチ100B、レンダンビーフ95B、ガドガド70B

インド

パサンド　Pasand

タンドーリフードと格安ランチセットが人気

　1999年にオープンしたばかりだが、早くもインド人の熱い支持を集める店。自慢料理は、何といってもタンドーリフード。タンドーリとはインドや中近東でよく使われる大きな土釜のことで、タンドーリフードとはタンドーリを使って調理した料理の総称。香辛料をふんだんに入れたヨーグルトに漬け込んだ鶏肉やラム肉を鉄串に刺し、炭で熱したタンドーリで焼き上げた「タンドーリチキン」などが有名だ。インドのパンであるナンも、自慢のタンドーリで焼き上げる。香ばしいガーリックナンがおすすめ。

　むしょうにカレーが食べたい日には、ランチセットが手軽。チキンや野菜のカレーが2種類、ダル（豆のカレー）、カード（ヨーグルトのようなもの）、デザート、サラダがワンプレートに盛りつけられてくる。これに山盛りのナンがついてくるのでお腹いっぱい。料金もリーズナブルで、少しずつあれこれ食べたい人にはぴったりだ。

　メニューはもちろん英語だが、「インド料理＝カレー」としか考えていない人には訳のわからない料理ばかり。お店の人にたずねれば説明してもらえる。インドの香辛料がたっぷり入ったデザートメニューも豊富だ。

　店内は大きな窓があって明るく、ピンクのテーブルクロスが敷かれていて雰囲気もいい。レストランの1階は24時間営業のコンビニで、本場インドから直輸入したスパイス各種やチャツネなどが並んでいる。

DATA

営業：11:30〜23:30
行き方：BTSアソーク駅より徒歩6分。ソイ12の入口にあるコンビニの2階
予算：150B〜　ランチセット139B++
電話：653-1171
住所：214 Sukhumvit Rd

中華

シャングリラ・レストラン　香格里拉酒楼 Shangrila

MAP4 D-1

飲茶も豪華海鮮料理も取り揃えた老舗

　バンコクの中心街にある、老舗の高級中華レストラン。店内に入ると、チャイナドレスに身を包んだウエイトレスと、水槽のロブスターたちが客を迎えてくれる。円卓は白いテーブルクロスが敷かれ、とても清潔。1階は普通席、2階は個室も用意されている。

　料理は、海鮮ものを頼むと料金も跳ね上がるが、それでも4人以上で行くといろいろな品を注文できる上、値段もリーズナブルなものに変身するのが魅力。気軽に飲茶を食べたい人は、ランチタイムに出かけよう。昔ながらの、料理を乗せたトレイを持った店員が客の間を回るというスタイルではないが、メニューを見て注文すれば円形の蒸し篭に入れたさまざまな料理がテーブルに登場する。半透明の弾力ある皮に包まれた海老シュウマイと大根餅、カスタードクリームの入った蒸し饅頭はこの店の定番。点心はもともと倹約の精神から発せられたものらしいが、口当たりの良さにいくらでも胃に収まってしまう。

　夜は豪華にシーフードを中心に注文したい。おすすめはタイ語でクン・マンコン（龍海老）と呼ばれるプーケット・ロブスターのしゃぶしゃぶ。もちろんそのまま刺身としても食べられるし、食べた後に残ったスープで豪華雑炊も作ってくれる。ソフトシェルクラブの炒め物プー・ニム、フカヒレの卵炒めフー・チャラーム・パット・ヘンなども、タイならではのお値段でいただける。

DATA

営業：11:00～14:00、18:00～22:00　無休
行き方：BTSサラデーン駅より徒歩5分
住所：58/4-9, Thaniya Rd
電話：234-0861
メニュー：英語、中国語　予約：不要
予算：飲茶500B前後、ディナー1000B～

中華

遼寧餃子館　Ryonin

MAP4
A-2

本場の餃子が格安で味わえる中華料理店

　中国各地に餃子はあれど、東北地方は遼寧省風？の餃子がおいしいのがここ。餃子は三鮮（海鮮）、香草入り、ニラ入りなど10種類以上あり、それぞれ水餃子、焼き餃子が選べる。

　焼き餃子はパリパリの一歩手前くらいのほどよい焼き加減。水溶き小麦粉でサクサクした薄い膜を張る、本場の焼き方だ。水餃子もまた弾力があり、小食な人でも一気食い。10コで50～70バーツ程度と値段も安く、ほかにスープや野菜炒めを頼んでもひとり200バーツも出せばお腹いっぱい。餃子以外で軽く食事をという人には、胡麻風味味噌ラーメン、スペアリブ入りラーメンなどの麺類もおすすめ。中国風お好み焼きなどもある。

　もちろん餃子以外のメニューも充実。海苔の卵とじスープ、大根と春雨のスープ、魚と豆腐の石鍋風煮込み、春雨とミンチの炒め、松の実と卵の炒め、イカの唐辛子炒め、豚肉団子の甘煮、中国風肉じゃが…と、どれも日本人の心をゆさぶるメニューばかり。海老天津など海鮮メニューも豊富だ。メニューには日本語も併記されているのでわかりやすい。

　中国語のテレビ番組が流れる店内には、白と緑のテーブルクロスがかけられた丸テーブルが並ぶ。店名だけ聞くとトタン屋根のほったて小屋を想像するが、庶民派よりも少し上のクラスの中華料理店。隣はタイ古式マッサージの店。マッサージ後に軽くギョウザでもかじってはいかが？

DATA

営業：11:00～深夜　無休
行き方：BTSサラデーン駅より徒歩10分。バスに乗り継ぐと便利
住所：152/4 Silom Rd
予算：予算150B～　餃子50B～、スープ60B～、石鍋100B～

日本

葵 Aoi

MAP4 C-2

お得なランチタイムが狙い目。日本食が恋しいあなたへ

バンコクに日本料理店は数多いが、ここ葵はあらゆる意味で満足度が高い店として昔から評判。タイではたとえ日本料理店でもタイ米を使うのが普通だが、葵ではもっちっと粘りけのある日本米を使用。これだけでもかなり評価が高くなるが、日本人女性オーナーと日本人板さんが、日本本来の味や繊細な盛りつけなどに心を砕いているのが見てとれる。器も凝っていて、セットを頼むと小鉢が並べられて目でまず満足できる。

おすすめはリーズナブルなお昼の定食。松華堂弁当（250、300、500バーツの3種）やミニ懐石、釜めし定食、味噌カツ定食など、多くのセットメニューが用意され、味噌汁、香の物、小鉢、茶碗蒸しなどが付いてくる。夜はうどんすき懐石、寿司、懐石料理全14品など贅沢なメニューに変身するが、酒のつまみは80バーツから、うどんすきなどを単品で頼むこともできる。元来はうどんすきと釜めしが売りのお店なので、ぜひお試しを。お座敷席もあり、店内の雰囲気もよい。

また、エンポリアム4階にも店があり、ショッピングの際に立ち寄るのに非常に便利。ただし、場所が良いせいかエンポリアム店のみサービス料がプラスされる。

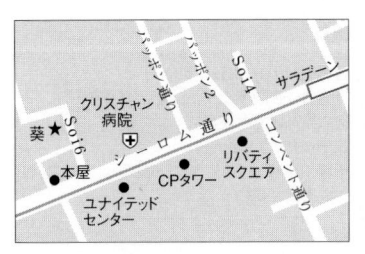

DATA

営業：11:30～14:00、17:30～22:30　無休
行き方：BTSサラデーン駅より徒歩5分
住所：132/10-11 Soi 6, Silom Rd
電話：235-2321-2　予約：不要
予算：昼定食200～500B、夜500B～　ミニ懐石500B、うどんすき懐石1800B、寿司800、1500B、懐石料理全14品3500B、うどんすき400B

日本

黒田　Kuroda

MAP3 C-2

店主自ら育てた地鶏料理が食べられる日本料理店

　闘鶏で有名な軍鶏（シャモ）は、地鶏の生産に欠かすことのできない鶏だが、実はタイが原産地。昔、タイ国のことを「シャム」と呼んでいたことから、タイ産の鶏をシャモと呼ぶようになった。「黒田」は、店主自らが育てた、この本場の地鶏料理が食べられる日本料理店。野菜も農場で穫れた無農薬のものを使用しており、店主のこだわりぶりがうかがえる。

　おすすめはボリュームたっぷりの地鶏鍋（2人前）。地鶏のガラで作ったコクのあるスープに、たっぷりの地鶏肉と野菜が入っており、これだけ食べても結構お腹がいっぱいに。鍋と並んで人気なのが地鶏の刺身。新鮮な刺身に生姜やシソの葉、長ネギなどをのせて食べる。今は日本でもなかなか食べられない一品で、肉の甘味が口の中にじわっと広がっていく。そのほか、焼き鳥、地鶏唐揚げ、地鶏タタキなど、地鶏メニューだけでも豊富。値段も1品100〜300バーツ程度とかなり良心的なのは、やはり材料を自ら育てているせい。米や味噌までタイで自ら生産しているというから驚きだ。店主の「コストがかからないタイだからこそ、実現できた」という言葉には思わず納得。ここなら生卵も産みたて・新鮮で、安心して食べられる。

　ランチは100〜150バーツ程度で、寿司、ちゃんぽん、鰻丼など、バラエティ豊かなセットメニューが用意され、コーヒー・デザートも付いている。

DATA

営業：11:30〜14:00、17:30〜23:00　無休
行き方：BTSプロムポン駅より徒歩5分
住所：595/9 Soi 33/1, Sukhumvit Rd
電話：259-8234
メニュー：日本語　予約：不要
予算：300〜500B

アメリカ

ニールズ・タバーン　Neil's Tavern

MAP2 F-3

ステーキといえばここ。おしゃれして出かけたい

　タイで最高級のステーキ・ハウス。照明を控えた店内は全体が琥珀色に染まり、各テーブルに置かれたキャンドルの灯りが良い雰囲気を醸し出している。客層はリッチなタイ人や西洋人が大半を占め、店内はいつもこれらの人々でにぎわっている。

　スープは20種以上。フレンチオニオンスープやクラムチャウダーなど、どれもボリュームがあって美味。各種ステーキにはサラダが付いており、フレンチ・ガーリックやブルーチーズなど、7種類のソースから選べる。

　肉はビーフ、ポーク、チキン、ダック（あひる）があるが、やはりここはビーフにしたい。オーストラリア産肉を使用したステーキ・ア・ラ・ニールやハーブステーキがスタンダード。

　USビーフはニューヨークステーキ、Tボーンステーキなどを、100グラム単位で食べたい分だけオーダーできる。シーフード類も充実しており、プーケットロブスターもある。いっしょにガーリック・トーストを注文して。

　各種ワインは1000バーツ以上。予算をたっぷりとって、思い切り贅沢するつもりで出かけないと、食事を楽しむことができない。アソーク通り（スクムビット通りソイ21。地図3 B-1）にも店があり、アクセスにはこちらが便利だが、店の雰囲気はルアムルディ店のほうが良い。

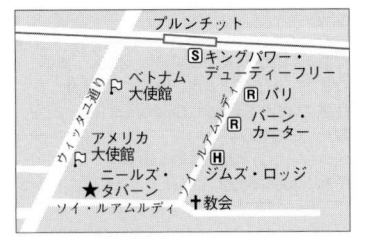

DATA

営業：11:30～14:30（日曜休）、17:30～22:30　無休
行き方：BTSプルンチット駅よりタクシー
住所：58/4 Soi Ruam Rudee, Wireless Rd
電話：256-6874-6　予約：不要
予算：700B～　ステーキ・ア・ラ・ニール575B、ニューヨークステーキ2.43B/g

イタリア

パンパン Pan Pan

MAP3 C-2

シンプルなイタリア料理が楽しめる老舗レストラン

カジュアルな雰囲気のイタリアンレストラン。片肘張らず、ふらりと入ってお腹いっぱいイタリア料理が食べたいときにおすすめしたいお店だ。

パスタやサラダはお皿にドカンと盛り付けられてきて、飾り気は一切なし。量はたっぷりあるけれど、味付けは複雑なテクニックを使うことなくシンプルそのもの。メニューもミートソースやナポリタンといった、長年変わらないオーソドックスなものばかり。ブルスケッタのように気のきいたものはもちろん出てこない。

しかしパスタはほどよいの茹で加減で、シンプルな分ほっとできる味。少し変化を付けたい人には、アンティパストのビュッフェがおすすめ。約20種類ものアンティパストがお皿に盛り放題だ。少しお金をかけてもいいなら、ラムチョップなどのメインも頼んでみたい。

嬉しいのはデザート類が豊富なこと。ケーキはタルトやチーズケーキなどが10種類以上あり、アイスクリームやアイスクリームケーキもたくさん。エンポリアムでの買い物帰りに、お茶に寄るにも使える。

こぢんまりとして見えるが、吹き抜けのある明るい店内は3階席まであり、ゆっくり食事ができる。創業20年以上になる老舗で、バンコク在住の外国人ファミリーから観光客まで、幅広いファンを獲得している。ソイ・ランスアンにも支店があるが、アクセスはスクムビット店のほうが便利。

DATA

営業：11:00〜23:00　無休
行き方：BTSプロムポン駅より徒歩7分
住所：Soi 33, Sukhumvit Rd　電話：258-9304
支店：45 Soi Lang Suan, Ploenchit Rd
　　　電話252-7104
予算：200B〜　パスタ120B〜、ピザ140B〜、
アンティパストビュッフェ150B

スペイン

オレ・オレ　Ole' Ole'

MAP2 B-1

気取らずに本格スペイン料理が楽しめるレストラン

　スペイン料理、タイ料理、ヨーロッパ料理が一度に楽しめるレストラン。アジアホテルのすぐ近くにあるため、店内は外国人観光客でいつもにぎわっている。

　各国料理を揃えた店はあまりおいしくないのが定説だが、ここだけは例外。値段のわりに味もよく、店も小ぎれいで、英語を話す女性スタッフがにこやかに客を迎え入れてくれる。

　メニューはすべて写真つきなので、料理名を知らなくても指さしで事足りる。おすすめは何といってもパエリア（仕上がりまで30分待ち）。3人で食べてちょうどいいくらいのボリュームで、海老、カニ、イカ、ムール貝、アサリなど海の幸がどっさり乗っている。イカのリング揚げ（Deep Fried Squid）はマナオ（タイのかぼす）を絞ってさっぱりと、オムレツ（Omelette with potato）はタイ料理に飽きた舌をほっとさせてくれる。

　とはいえ、ここのタイ料理の味もなかなか。基本のトムヤムクンをはじめ、ハーブの香り高い鶏ミンチ肉のサラダ「ラープ・ガイ」（Minche Chicken Spicy Salad）など、さすが本場料理と思わず客をうならせる出来映え。

　タイに住む日本人の穴場的存在のレストランでもあり、コストパフォーマンスも良い。サンドイッチやステーキ、ワインなども置いてある。

DATA

営業：11:00～23:00　無休
行き方：BTSラーチャテーウィー駅より徒歩3分
住所：365/11 Soi Payanak, Payathai Rd
電話：216-0524
予算：200～300B　パエリア340B、トムヤムクン80B、ラープ・ガイ55B

スペイン/アメリカ

メキシコ

セニョール・ピコ　Senor Pico

MAP3 C-2

超オススメ。バンコク随一のメキシカンレストラン

バンコクでもラテン系料理の老舗的存在の店で、評判も人気もピカ一。メキシコやキューバからやって来た生バンドの演奏する陽気なラテン音楽とテキーラに酔いながら、本格的メキシカン料理が楽しめる。

最初にタコチップと2種のサルサソースがサービスで出てきて、これをつまみにしているうちに、料理が出てくる。おすすめはビーフ、チキン、シーフードいずれかを柔らかいタコ生地に詰め込み、とろりとしたチーズをかけたエンチラダ。豆料理とピラフ、3種類の野菜のつけ合わせがセットになっていて、かなりのボリューム感。メキシカン・ピザは、インカ人を思わせる顔がかたどられた、この店オリジナルの器の上に盛られて登場し、味もさっぱり、ヘルシー。定番のブリトーやタコス、ポークとブラックビーンズのシチューも揃っており、どの料理を頼んでもおいしい。

ウエイトレスの衣装も可愛く、全員がダンス上手。曲に合わせて陽気に踊って料理に花を添えてくれる。演奏者と客も踊りの輪に入って大いに盛り上がる。平日でも店は客でいっぱいなので、予約していったほうが確実。毎週火曜日と毎月第一木曜日には、特別イベントも用意されているが、月曜日のみ生バンドの演奏は入らない。

DATA

営業：17:00～03:00　無休
行き方：BTSアソーク駅から徒歩5分
住所：Rembrant Hotel 1F, Soi 18, Sukhumvit Rd
電話：261-7100　予約：週末は要予約
予算：500B～　テキーラ150B、エンチラダ320B、メキシカン・ピザ170B、ブリトー280B、タコス260B

中近東

アル・フセイン Al-Hussain

MAP3 A-1

じっくり焼いたケバブが味わえる、アラブ人街のレストラン

スクムビット通りソイ3/1、通称「アラブ人街」にあるパキスタン、バングラデシュ、インド、中近東の融合レストラン。通り沿いがオープンレストラン、その奥がエアコン付きの部屋になっている。

お手軽にすませたい人は、バットに入って店先に並ぶ10種類ほどのおかずから好きなものを選ぼう。カレー類は1種類50バーツくらいからとタイ料理に比べると少々高いが、肉のかたまりがゴロンと入っていたりして食べごたえはかなりのもの。ごはんもガーリックや玉ネギ入りなど、白米以外にいろいろ選べる。大きなサモサや具入りマッシュポテトも並んでいる。

ぜひ頼んでみたいシシカバブは、粗挽きミンチ状の肉を金串に巻きつけ、じっくり焼き上げたもの。肉は少々固めで歯ごたえがあるが、そのままかぶりつくなり、きゅうりや玉ネギといっしょにナンに挟んでサンドイッチを作るなり、好きなように食べればいい。ナンはインド料理屋のものと少々異なり、厚みのある円板状。にんにくのみじん切りをふりかけたガーリックナンがおいしい。店員さんはこってり系の顔立ちで恐そうだが親切なので、訳のわからないメニューに遭遇したらたずねてみよう。

店先では、生地をパンパンはたいてナンを焼いたり、長い金串に肉のかたまりを突き刺して焼く様子が楽しめ、肉好きなら見ているだけでよだれが出てくる。アラブ人街名物の水パイプも常備していて、異国の雰囲気が満喫できる。

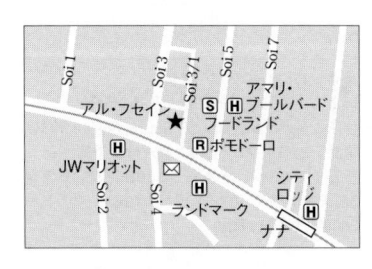

DATA

営業：10:00～22:00　無休
行き方：BTSナナ駅より徒歩6分
電話：252-0240
住所：Soi 3/1, Sukhumvit Rd
予算：150B～　シシカバブ120B、ガーリックナン30B、水パイプ80B

ビュッフェ

エスプレッソ　Espresso

MAP2 D-2

買い物途中に立ち寄れる、豪華ビュッフェレストラン

　買い物スポットのすぐ近くにある高級ホテル、ロイヤル・メリディアン・バンコクにあり、朝、昼、晩と食事どきのビュッフェが人気のレストラン。高級食材を惜しげもなく使用し、フランス人シェフが腕をふるった料理がずらりと並び、見た目にも楽しめる。

　大きな牛フィレ肉やバーベキューは、その場で焼いてサーブ。シーフードメニューも充実していて、そのまま食す生ガキのほか、エビ、ムール貝など新鮮な食材が勢揃い。彩りも鮮やかなお刺身や、巻き寿司まで並んでいる。

　デザート類もホールケーキが10種類以上並ぶうえに、ムースやアイスクリーム、季節のフルーツをたっぷり使ったプチタルトも。安くはないが、これだけのメニューをあれこれ食べられるのなら、決してソンはない内容だ。

　同じくロイヤル・メリディアンでは、1階「タワー・ラウンジ」のアフタヌーンティーもおすすめ。アフタヌーンティーとは午後のお茶を飲みながら、ケーキやスコーンをつまむ英国の優雅な習慣。タワー・ラウンジでは、ケーキやサンドウィッチのビュッフェが楽しめる。

　何といっても嬉しいのは、大きなクッションが置かれたふかふかのソファ。普通のカフェでは絶対に味わえない、ホテルならではのゆったり感。ピアノを奏でソフトなボーカルを聞かせるジャズマンもいて、雰囲気満点。リラックスして至福のひとときを過ごすことができる。

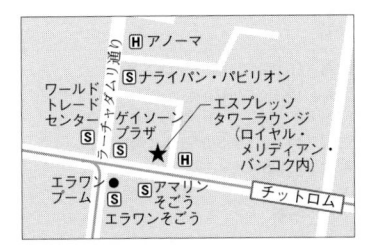

DATA

◇エスプレッソ（2階）
予算：朝食560B　ランチ590B　ディナー770B　飲み物別
◇タワーラウンジ（1階）
アフタヌーンティー270B（14:00～17:00）
行き方：BTSチットロム駅から徒歩1分
電話：656-0111 EX6477

カフェ

チャイナジャーナル China Journal

MAP3 E-3

アンティーク雑貨や茶器も楽しめる中国茶房

　おいしい中国茶をじっくり味わいたいならここ。伝統的作法でていねいに入れられた中国茶は香り高く、今まで味わったことのないような深みがある。中国茶とゴマをふんだんに使った中国菓子のセットは150バーツ。本場中国から輸入した茶器が使われ、専用の小さな器についでいただく。烏龍茶やジャスミンティーなど好みで茶葉を選べ、お茶の量もたっぷり。サンドイッチなどの軽食も用意されているので、お昼どきに足を運んでも良い。胃が疲れているときにもおすすめ。

　茶葉は200グラムから量り売りもしてくれ、人気があるのでいつも品薄状態。それもそのはず、体に良いものをというオーナーの信条から厳選された商品で、お菓子に使われる砂糖ひとつにも、大いにこだわりを見せている。

　店内は狭いスペースに上海から輸入してきたアンティーク家具や雑貨、茶器類が所狭しと並べられているが、それがレトロな雰囲気を出しており、ゆったりとくつろげる。商品の中にはその昔日本から渡ったタンスなども置かれ、アンティーク好きにはたまらない。店内にはテーブル席のほかにカウンター席もあり、店外にもテーブルが用意されている。

　タイで生まれ育った華人の女性オーナーは、実は美容師さん。茶房の隣には美容院が併設されており、壁を打ち抜いて行ったり来たりできるようになっている。お茶を飲みがてら髪をカットしてもらうのも一興。

DATA

営業：10:00～22:00　定休：月
予算：150～300B
行き方：BTSトンロー駅から徒歩5分
住所：41 Soi 55, Sukhumvit Rd
電話：712-8589
メニュー：英語
予約：不要

クレープ & Co. Crêpes & Co.

本場のクレープが味わえる、スクムビットの隠れ家的カフェ

　本場フランスのクレープが食べられる人気のカフェ&レストラン。しっとりタイプの日本のクレープとは異なり、サクサク感あふれる薄い生地が特徴だ。

　クレープというとデザートのイメージがあるが、しっかり食事になるクレープも充実。遅く起きた日のブランチには、たっぷりのトマトやハム、チーズを包んだクレープがぴったり。ランチなら4種類の具を包んだ「4シーズンズ」、チキンやトマトを具に、にんにくやパクチーをきかせたタイ風味の「スクムビット」など、独創的なクレープに挑戦してみたい。クレープ以外にモロッコ料理やギリシア料理といった本格的な地中海料理も充実している。

　デザートには、アイスクリームとフルーツをくるんでフルーツソースをかけたアイスクリーム系クレープや、クレープシュゼットがおすすめ。おやつクレープだけでも25種類以上あるので、選ぶのに迷ってしまう。

　スクムビットの静かな住宅地にあり、一軒家を利用したゆったりとした造り。食器やインテリアにはアジアンテイストなものをうまく取り入れて、心地よい空間を作り出している。緑あふれる庭にもテーブルが置いてあり、窓際には三角まくらにもたれてひと眠りできる席もある。少々値段が高いのが難だが、ゆっくり時間をとった午後のお茶に使いたい。

DATA

営業：9:00～24:00　無休
行き方：BTSアソーク駅より徒歩6分。ソイ12にある
住所18/1 Soi 12, Sukhumvit Rd
電話：653-3990
HP：www.crepes.co.th
予算：200B～

カフェ&スイス

カフェ・スイス Cafe Swiss

MAP4 D-2

本場のチーズフォンデュと激安ランチビュッフェが人気

コンベント通りにあるプチホテル「スイスロッジ」のレストラン。その名のとおりスイス料理が得意なレストランだが、食事どき以外も営業しているのでカフェとしての利用もできる。

シェフのおすすめは、やはりスイス名物のフォンデュ類。おなじみチーズフォンデュはスイス産のチーズを使用した本格派。ほかにもビーフフォンデュやサーモンフォンデュ、ラムフォンデュ、シュリンプフォンデュ、デザートのチョコレートフォンデュなど、さまざまなフォンデュが楽しめる。

もう少しリーズナブルに食事をしたいなら、ランチタイムが狙い目。オフィス街にあるため、格安ビュッフェやランチセットを用意している。ビュッフェはパスタや肉料理、サラダなどのほかにタイ料理も並び、100バーツという安さ（税・サービス料別）。特にクリーム系のパスタがおいしい。ビジネスランチもボリュームたっぷりだ。

軽く食事をしたい人にはパスタやサンドイッチ、あくまでもタイ料理という人には、トムヤムクンなどのタイ料理も用意している。クレープシュゼットやバナナスプリットなどのデザート類もある。

天井が低く、テーブルには白と赤のテーブルクロスが敷かれ、スイスのロッジをイメージした内装。ホテルのレストランだけあってサービスもよく、シーロム界隈でのんびりしたいときにはおすすめだ。

DATA

営業：6:30～23:30　無休
行き方：BTSサラデーン駅より徒歩5分
住所：3 Convent Rd, Silom Rd
電話：233-5345
予算：フォンデュ400B～、パスタ200B～、サンドイッチ150B～、トムヤムクン150B、コーヒー45B、クレープ130B～

Shopping
ショッピング

ショッピングセンター
デパート
高級デパート
タイ雑貨
陶磁器
シルク&コットン
アンティーク/NGOショップ
ゴールド/シルバー
ジュエリー/ハーブ
オーダーメイド
皮革製品
コンピュータ/CD
本

ショッピングセンター

マーブンクローンセンター（MBK） Mar Boon Khrong Center MAP2 B-2

若者パワーあふれる、人気No.1の庶民派ショッピングセンター

　日本でいえば原宿、渋谷あたりの激安店をつめこんだような、巨大ショッピングセンター。洋服、靴、時計、小物、化粧品、アクセサリー、下着、携帯電話のパーツ、食品、CD、ゲームソフト…と小さなテナントがぎっしり。流行の最先端からは少し外れているものの、店内はタイの若者で常にごったがえしている。

　高級なショップはあまり多くなく、洋服や靴は「199バーツ」「299バーツ」といったお手頃価格の商品が中心。買い物好きならここをブラブラしているだけで、1日中楽しめる。もちろんエアコンがきいているので、暑い屋外の露店街を歩き回るのはいやという人にもぴったりだ。

　激安エステや美容院、フットマッサージ屋も入っていて、買い物以外の利用価値も大。名刺屋ではオリジナルシールやタイ語の名刺が作れ、ちょっと変わった記念の品にぴったり。3階の スタジオ・タイ・スタイルでは、タイの民族衣装を着て記念撮影ができ（800B〜）、1階には肖像画屋もある。最新設備を備えた映画館やボウリング場まである。

　MBKと棟続きになっているのが、日系デパートの「東急」。駅前スーパー的な雰囲気で、下着や水着のワゴンセール、売れ残り衣料品のバーゲンを常時やっている。日本料理の「田ごと」は量もたっぷりで、ふらっと入れる雰囲気が魅力。日本食が恋しい人にはおすすめだ。

DATA

営業：マーブンクローン 10:00〜22:00　無休
　　　（テナントにより異なる）
　　　東急 10:00〜21:00　無休
行き方：BTSナショナルスタジアム駅から直通連絡通路あり
住所：444 Phayathai Rd

ワールドトレードセンター&伊勢丹 World Trade Center & Isetan MAP2 D-2

買い物も遊びも充実。誰もが訪れるバンコクのランドマーク

　伊勢丹、セントラル系のデパートZENなどが入るメガモール。マーブンクローンよりも品揃えはぐっと高級になり、店内もゆったり。レストランやファストフード、中級エステ、ブティック、宝石店などが店を構える。映画館やボウリング場、スケート場もあるほか、7階にはデューティーフリーが入っている。

　伊勢丹は、日本人ならバンコク滞在中に必ず訪れるところ。ここでおすすめなのが下着ショッピング。ワコールやトリンプ、ギラロッシュは現地生産のため激安価格。日本で販売している品とはデザインや品質が多少異なるが、タイでの定番ショッピングアイテムとしてすでに旅行者にはおなじみだ。他店でも買えるが、伊勢丹は特に品揃えやサイズが豊富。

　タイの味をぜひ日本でも再現してみたい人は、5階のスーパーマーケットへ。レトルトパックのタイカレーや、グリーンカレーなどのカレーペースト、トムヤムなどのスープの素、インスタントラーメン、タイ料理を作るのに欠かせないココナツミルクパウダー、ナムプラーなどタイ料理の調味料がずらっと並んでいる。焼き魚やコロッケなど日本のお惣菜もある。

　おみやげを買うなら、タイシルクのジム・トンプソン、紅茶やコーヒー、チョコレートなどが豊富なオリエンタルショップが1階にある。フラワーショップでは、新鮮な蘭の花の日本への宅配が可能だ。

DATA

営業：10:00～21:00（飲食店は～22:00頃）
無休
行き方：BTSチットロム駅から徒歩5分。バス路線多数
住所：4/1-4/2 Ratchadamri Rd
電話：255-9500

🎁 デパート

そごう SOGO

MAP2 D-2

アマリンプラザもショッピングの穴場

　ゲイソーンプラザ向かいに、エラワンそごう、アマリンそごうの2店舗が並ぶ。エラワンそごうはカルティエ、ディオール、グッチ、フェラガモといったヨーロッパ系のブランドショップが集まる高級デパート。ELLEは現地生産のため、格安で買い物ができる。

　布地や小物を探しているなら、タイシルクの老舗シナワットへ。地下の「川の流れる名店食堂街」には、バンコク最高級の日本料理店「レストランそごう」などが入っている。店内はお客でゴミゴミという感じがまったくなく、のんびり買い物が楽しめる。

　一方、アマリンそごうはもう少し庶民的。ワコールやトリンプの下着や、手頃な値段のカジュアルウエアが充実している。おみやげ選びには4階のタイ民芸品店「ナライパン」や、コットン製ポーチやバッグで人気の「ナラヤ」が便利。日本語書籍の泰文堂もある。

　大通りに面したマクドナルド横を入っていったところ、アマリンそごうの手前にあるのが、テナント街のアマリンプラザ。日本語書籍の東京堂書店、仕立屋、庶民派エステや美容院、タイ料理のファミレスS&P、フードコート(4階)などがあり、下着や洋服のバーゲンもよくやっている。

　なお、エラワンそごうとアマリンそごうは別店舗。VAT還付申請(P.51)の際にはご注意を。

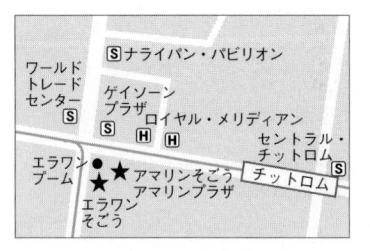

DATA

営業：10:30～20:30　無休
行き方：BTSチットロム駅から徒歩2分。ゲイソーンプラザ向かい
住所：500 Ploenchit Rd
電話：256-9131

セントラル・チットロム店　Central Chidlom

タイ人女性に大人気。タイ雑貨や食品も充実のデパート

　バンコクに数あるデパートの中で、タイ人女性にダントツの人気を誇るのがセントラル・チットロム店。そごうやゲイソーンプラザからそれほど遠くないにもかかわらず、ここまで来ると外国人観光客の姿はぐんと少なくなる。

　セントラルはタイ国内に多数の支店をもつ老舗デパートで、日本で言えば松屋、高島屋、三越ライン。チットロム店は数ある支店の中でも、ひときわ高級感の漂う人気店だ。特にタイブランドの洋服は充実しているので、タイブランドで固めてみたいという人はぜひのぞいてみたい。

　必見なのは、6階のタイの民芸品や雑貨の売り場。高級デパートだけあってどれも高価だが、センスのいいものを取り揃えている。

　特に目を引くのは陶器類。セラドン焼きはデザインによってはやぼったくなりがちだが、ここの品は色のバリエーションも豊富で、日本の食卓でも使ってみたくなるかわいいものばかり。落ち着いた色合いのシルクやコットンの布地、天然の木を活かしたダイニングセットなどは、見ているだけで楽しい。本屋の隣にあるブックカフェも、買い物の合間にくつろげる空間だ。

　1階にはスーパーマーケットのTopsがあり、タイの食品が豊富。場所がわかりにくいが、Topsの横を入っていくとフードセンターがある。

DATA

営業：10:00〜21:00　無休
行き方：BTSチットロム駅から直通連絡通路あり
支店：スクムビット通り、シーロム通り（シーロムコンプレックス内）などに支店あり
住所：Ploenchit Rd
電話：541-1111

高級デパート

エンポリアム　Emporium

MAP3 D-2

ヴィトンからタイ食品まで。スクムビット通りの大人気デパート

　高級感、人気ともにバンコクで1、2を争う大型デパート。ルイ・ヴィトンやシャネル、エルメス、グッチ、プラダなど、日本人に人気の一流ブランドが勢揃い。他にはタイ雑貨からCD、書籍、タイの食品まで、とにかく何でも手に入る。

　雑貨好きならタイ雑貨ショップを集めた4階の「エキゾチック・タイ」へ。高価だが、落ち着いた色合いのタイシルクやコットン、パパイヤや黒ゴマ、キュウリなど天然の素材を活かした石鹸、お香セット、ローソクなど、手作り感あふれるセンスのいいものばかり。同じく4階にある「ジム・トンプソン」は、ポーチやクッションカバーなどの小物類が充実している。

　5階の「オリエンタル・ホテル・ショップ」には、チョコレートやクッキー、オリジナルブレンドのコーヒー豆、紅茶、ジャム、ワイン、オリエンタル・スパのボディケア用品など、ご存じオリエンタル・ホテル・ブランドの品々が揃っている。どれもパッケージが洗練されていて、おみやげにぴったり。5階のスーパーマーケットでは、タイの食品もあれこれ買える。

　日本食の「葵（P.34）」、イタリアンの「ポモドーロ・スパゲッテリア」など、食事処も豊富。中でも30年の歴史を持つ老舗タイ料理屋の支店「Kalpapruek on First」は食事にもお茶にもおすすめ。日本語書籍の東京堂書店、紀伊國屋書店（洋書のみ）もあり、ゆっくり楽しめる。

DATA

営業：10:00～22:00　無休
行き方：BTSプロムポン駅より直通連絡通路あり
住所：622 Soi 24, Sukhumvit Rd
電話：664-8000

高級デパート

ペニンシュラ・プラザ Peninsula Plaza

MAP2
D-2

高級ブランドが勢揃い。ゆったり気分でショッピング

　他を寄せ付けない高級感が漂うのがペニンシュラ・プラザ。ルイ・ヴィトン、カルティエ、セリーヌといった超高級ブランドを専門に扱っていて、新商品もいち早く入荷するらしい。店内は大きな吹き抜けのあるゆったりとした造り。漂う静けさは、日本のデパートでは決して味わえないものだ。グランドフロアではピアノが奏でられ、ゆったり過ごせるカフェもある。

　高級感ゆえ貧乏人は自然と足が遠のいてしまうが、ベンチがあちこちに備えつけてあって、ひと休みする場所としては穴場。ウィンドウショッピングや、G階のカフェを利用するだけでも訪れる価値がある。占いコーナーもあり常時2〜3人の占い師がスタンバイ。英語ができる占い師もいる。

DATA

営業：10:00〜20:00　無休
行き方：BTSチットロム駅より徒歩7分。BTSラーチャダムリ駅より徒歩4分
住所：153 Ratchadamri Rd
電話：253-9790

◆VAT（付加価値税）還付について◆

　タイ旅行中の買い物の総額が5000バーツ以上になったら、買い物の際に支払ったVAT（付加価値税）の還付を受けることができる。

　ただし、こまごました買い物は対象外で、同じ日に同じ店で2000バーツ以上の買い物をした場合のみ、店からVAT還付の申請用紙を発行してもらえる。買い物の際にパスポートの提示が必要。通常、申請書の発行は買い物当日のみ。VAT還付申請は、帰国便のチェックインをする前に税関で行う。宝石や貴金属などは出発ラウンジの税務署（Revenue Counter）で再び検査を受けること。

🎁 タイ雑貨

ゲイソーンプラザ Gaysorn Plaza

MAP2 D-2

ハイセンスなタイ雑貨が勢揃い！　雑貨好きならまずここへ

「タイ旅行の目的はタイ雑貨のショッピング」という人に、まず最初におすすめしたいのがここ。もともとプラダをはじめとする一流ブランドショップや宝石店が入る高級デパートだが、最近はハイセンスなショップが集まる「タイ雑貨の殿堂」的な地位を確立した。

「タイ・クラフト・ミュージアム・ショップ」は、タイ各地の民芸品や雑貨のお店を集めた売り場。タイシルクや陶磁器、人気のカゴ類はもちろん、コットンの布地、アンティーク、銀製品、ハーブ製品、タイの楽器、山岳民族の民族衣装、三角まくら、アクセサリー、タイ柄のマウスパッドなど、とにかく何でもある。売り場は北タイ、東北タイ、山岳民族と地域ごとに分かれているのでわかりやすく、眺めて歩くだけでも楽しい。

高級デパートなので決して安くはないが、日本人にも満足できる洗練されたデザインの品が多く、品質のいいものものばかり。ウィークエンドマーケットやおみやげ屋には気に入るものがなかった人も、心引かれる逸品に出会えるはず。タイ雑貨を探すなら、まずはここをひと回りしてから隣のナライパンや伊勢丹を回ってみるといい。

ゲイソーンプラザには、ほかにも必見のショップが目白押し。中でも光沢を抑え上品な織り模様の入ったシルク専門店「シルク」、斬新なデザインのセラドン焼きで知られる「AYODHAYA」は必見だ。

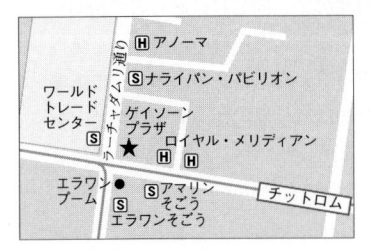

DATA

営業：10:00～21:00　無休（テナントにより異なる）
行き方：BTSチットロム駅より徒歩3分。そごう向かい
住所：Rajprasong Intersection, Ratchadmri Rd
電話：656-1149

タイ雑貨

ナライパン・パビリオン　Narayana Phand Pavilion

MAP2 D-2

タイ雑貨・民芸品の専門デパート。リーズナブルで品揃え豊富

　タイの伝統工芸品、民芸品ばかりを集めた専門デパート。シルクや山岳民族の手工芸品、陶磁器、織物、家具、骨董品、タイの楽器など何でも揃う。

　自分のための品はもちろんだが、義理みやげを大量に調達したい人にも便利な店。織物や刺繍の実演など、観光客向けのアトラクションも店内でよく行っている。

　ここはタイの伝統工芸品、民芸品の振興を目的に設立された半官半民団体が運営している店。ひと昔前のデパート風な雰囲気で、センスがイマイチの品も多いが、とにかく何でも安いのが魅力。特にセラドン焼き、ベンジャロン焼きなどの陶磁器は安く、種類も豊富だ。ものの相場や品質がよくわからない人も、安心して買い物ができる。

　ほかにはカバー入りのお箸、コットン製ポーチ、三角まくらといった定番商品から、ルビーやサファイヤなどタイ産の宝石、金製品、チーク製の高級ダイニングセット、高さ1.5メートルの木彫りの仏像まで、品揃えは幅広い。シルクやコットンは布地だけでも購入できるが、スカートやブラウスなどに仕立てた既成品も充実。タイの田舎でよく見かける藍色の作業着まである。

　地下1階のテナント街は、安物衣料やコットン雑貨、シルバーの店がぎっしりで必見。1階から上はすべて定価販売だが、地下は多少の値引き交渉も可能だ。向かいの伊勢丹4階にも支店が入っている。

ショッピング

DATA

営業：10:00〜20:00　無休
行き方：BTSチットロム駅から徒歩5分。伊勢丹向かい。ゲイソーンプラザ隣
住所：Rajprasong, Ratchadamri Rd
電話：282-6844

タイ雑貨

ラーシサヤーム　Rasi Sayam

MAP3 C-1

職人芸が堪能できる、ハイセンスなタイクラフト店

単にかわいいタイ雑貨が欲しいだけでなく、タイ各地の伝統工芸品に興味があるなら、ぜひ訪れたいのがここ。

築50年という木造の一軒家を利用した店内に集まる品物は、一点一点が芸術品と呼べるようなものばかり。各国のメディアで何回も取り上げられた、タイクラフトの名店だ。

目を引くのは、オリジナルのベンジャロン焼き。ベンジャロン焼きは似たようなデザインの品が多いが、この店には絵付けに金色を使わない独特の色合いのものがあり、陶器に興味があるなら一見の価値がある。

もうひとつのおすすめはオールドマットミー。特に20〜80年ほど前に織られたカンボジアシルクのマットミーは、深いエンジ色でふわりとした暖かみのある風合い。素朴ながら織模様は1枚1枚微妙に異なり、布好きなら思わずため息が出るものばかり。ピンクや赤といった明るい色調のラオスの布も、また違った味わいがある。オールドマットミーはさすがに高価だが、東北タイなどタイ国内で織られたリーズナブルな布地も並んでいる。

品物の多くは、タイ各地に住む技術の高い職人に製作を発注したもの。ラタンやリパオ草で編まれた南タイのカゴは、これぞ職人芸という繊細さ。竹でざっくり編んだカゴもかわいいものがある。高価な商品が中心だが、こだわりの品が見つかる店だ。

DATA

営業：9:00〜17:30　定休：日
行き方：BTSアソーク駅より徒歩12分
住所：32 Soi 23, Sukhumvit Rd
電話：258-4195
予算：ベンジャロンのティーセット5800B〜、シルクのマットミー1200B〜、ココナツのおたま50B〜

タイ雑貨

ナビンハウス　The Nabin House

MAP2 D-2

リパオ編みのカゴがかわいい、タイ南部の工芸品店

ロイヤル・メリディアン・バンコク1階のショッピングアーケードにあるタイクラフト店。海に面したタイ南部の県、ナコンシータマラートの民芸品を中心に扱う穴場的なお店だ。

ナコンシータマラートの民芸品といえば、最も有名なのがリパオ編みのカゴ。ざっくりした籐編みとは違い、糸のように細いリパオ（シダの一種）で編まれたカゴはとても繊細。実用品というより芸術品といったほうがいいような品もあり、ガラスケースに入れて飾っておきたくなるほど。

あまりにも繊細で触れるのが怖いくらいだが、実際には丈夫で耐久性もあるという。茶色の落ち着いた色合いが主流で、小さなバッグやインテリア用のカゴなど、バリエーションもさまざま。しかもバッグ類はカジュアルから正装、さらには和服にもぴったりという優れもの。ひとつの作品を仕上げるには気の遠くなるような時間がかかるため、値段のほうは小さなバッグが2500バーツ程度と決して安くはないが、見るだけでも目の保養になる。

ロイヤル・メリディアン・バンコクのショッピングアーケードには、ほかにも布地の「マイファイ」といった人気店のほか、タイ雑貨や民芸品、アンティークのお店が集まっている。高価な商品が多いが便利な場所にあるので、買い物好きなら一度見に来る価値がある。ゲイソーンプラザからも連絡通路で行ける。

ショッピング

DATA

営業：11:00〜20:00　無休
行き方：BTSチットロム駅より徒歩3分
電話：656-0144
住所：President Tower Arcade Lobby (Room L10) 971,973 Ploenchit Rd
※同じ建物の地下にある「タイクラフトビレッジ」内に支店あり

陶磁器

タイ・セラドン Thai Celadon

MAP3 B-2

シンプルなデザインが光る、セラドン焼きの専門店

　セラドン焼きは、タイを代表する陶器のひとつ。「セラドングリーン」と呼ばれる淡いグリーンが特徴で、窯で焼く際に自然に入る細かな「ひび」が、独特の風合いを生み出している。落ち着いた色合いで、日本の食卓で使うにもぴったりだ。

　セラドン焼きは中国の陶磁にルーツをたどり、現在も北タイを中心に生産されている。タイ・セラドンは自社工場を持つセラドン焼きの専門店。広い店内には湯飲みから仏像まで、あらゆる品が無造作に陳列されている。ティーセットやお皿はシンプルで質のいいものがあり、値段も安い。

　ただし全体的にデザインは大味で、巨大な置き物やライトスタンドなど、日本人の感覚ではあまり用のなさそうな品物も多い。もう少し洗練されたデザインがお望みなら、ゲイソーンプラザやセントラル・チットロム店6階などでも探してみるといい。

　セラドングリーンは自然のままに生み出される色。それだけに単調になりがちだったが、最近はブルーやラベンダー、ミルキーホワイトと、これまでにない新色も登場している。人気が高いのは、細かな彫刻を施した「すず」をセラドン焼きの陶器と組み合わせてデザインしたもの。ゲイソーンプラザのelfen PIRなどで売っている。

DATA

営業：9:00〜17:30　定休：日、祝
行き方：BTSアソーク駅より徒歩4分
住所：8/6-8 Ratchadapisek Soi16, Sukhumvit Rd
電話：229-4383
予算：ティーカップ150B〜、皿100B〜、ティーポット500B〜

陶磁器

チイオリ Chiiori Co., Ltd.

MAP3 A-1

小物からダイニングセットまで、最高級のベンジャロン焼きが勢揃い

　華やかな色使いでゴージャス感あふれるベンジャロン焼きは、セラドン焼きと並ぶタイ伝統の陶器。その製法は18世紀に中国からもたらされ、歴代の王や富豪階級に愛用されてきた。

　ベンジャロンとは「5色」という意味で、ベンジャロン焼きのルーツである中国の陶磁器が5色使いであったことに由来する。

　チイオリはベンジャロン焼きの専門店。器に描かれた細やかな模様は、すべて熟練の職人が手描きで仕上げたもの。ひとつの作品は完成まで同じ職人が一貫して描き上げ、ダイニングセットを一式完成させるのに2〜3カ月かかることもあるという。

　ダイニングセットや花瓶はなかなか手が出ないが、小物入れやティーカップ、湯のみなどは値段も手頃で日常使いにもOK。中でもゾウをかたどったティーポットとティーカップのセットは人気の品だ。お店のおすすめは、イギリスのロイヤルボーンチャイナを使用した器。明かりが透けて見えるほど薄い純白の器で、最高の品質を誇る。

　ベンジャロン焼きは王族が使用してきた器だけあって、とにかくゴージャス。安物だと品のない品物も多いが、この店のものはデザインが洗練されていて、色使いも上品。スクムビット通り沿いにあり、夜遅くまで営業しているのでゆっくり買い物が楽しめる。

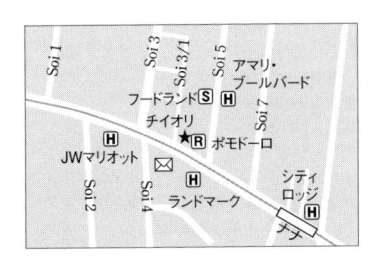

DATA

営業：10:00〜22:30　無休
行き方：BTSナナ駅より徒歩5分
住所：87 Nailert Building, Sukhumvit Rd
電話：254-4976
予算：小物入れ400B〜、ロイヤルボーンチャイナのカップ&ソーサー2500B〜

シルク&コットン

ジム・トンプソン　Jim Thompson

MAP4
D-1

カラフルな布地と小物が揃う、タイシルクの本家本元

　豊富な品揃えと最高級の品質を誇るタイシルクの老舗。バンコク市内に多数の支店をもつ超有名店で、スリウォン通りの本店は、大量のおみやげを買い込む観光客でいつもにぎわっている。

　布地を購入してオーダーメイドとなるとさすがに敷居が高くなるが、リーズナブルな小物類も充実している。ハンカチやスカーフ、ネクタイ、Tシャツ、化粧ポーチなどは値段も手頃でおみやげにぴったり。ハンカチやポーチは350バーツ、ネクタイ1000バーツ、クッションカバー700バーツ程度から。オーダーとはいかないまでも、シルクの服が欲しい人のために、既製品のシャツやワンピースも扱っている。

　ジム・トンプソンというと、思い浮かぶのはハデな原色でテカテカの光沢のタイシルク。しかし実際には落ち着いた色合いのプリントや、わずかながらコットンの布地も置いてある。スーツやワンピースの仕立ては通常3〜4日で仕上がる。ただし料金は安くないので、布地だけ購入して他店で仕立ててもいい。観光客には伊勢丹やエンポリアムの支店が便利だが、品揃えで言うと、やはりスリウォン通りの本店がベスト。

　なおジム・トンプソンでは毎年4〜5回、顧客を対象に特別セールを開催している。セールが近づくとジム・トンプソン各店に招待用のハガキが置かれるので、これを持って行けば入場できる。会場はクイーン・シリキット・コンベンションセンター。かなりお買得な商品も並ぶようなので、商品を買い漁りたい人は要チェックだ。

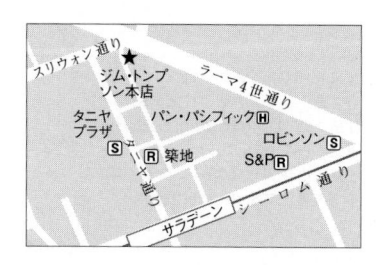

DATA

◇スリウォン店（本店）
営業：9:00〜21:00　無休
電話：632-8100
支店：伊勢丹1階、エンポリアム4階、セントラル・チットロム店1階、オリエンタル・ホテル、ヒルトン・ホテル、グランドハイアット・エラワンなどに支店あり

シルク&コットン

ナンダクワン　Nandakwang

MAP3 C-1

コットン生地を使った可愛いグッズがいっぱい

　チェンマイに本店があるコットン雑貨店。可愛いグッズが所狭しと並んでおり、特に女性におすすめの店。製品は厚めのコットン生地を使っており、縫製もしっかりしているので、少々乱暴に扱っても大丈夫。タイ製のものはあまり長持ちしないのが欠点だが、ここの商品にそんな心配は無用である。

　ボンボン付きのクッションカバーやエプロンは280バーツ、実用性の高いバッグは800〜1500バーツ、刺繍の入った女性用ブラウスやワンピースは1000〜1500バーツ、ギンガムチェックがおしゃれな男性用シャツは700〜1500バーツほど。ほかにもティッシュケース、ナプキン、象のぬいぐるみなど小物類も充実しており、子どもから若い女性、主婦層にまで受け入れられるデザインは、おみやげにもぴったりだ。

　コットン製品以外にも、竹やマンゴーの木でできた食器類や石鹸入れ、花器などのほか、キャンドルや蝶をかたどった陶器の箸置き、銀製のエスニックなアクセサリーなど、可愛いもの好きの女心をくすぐる商品が並んでいる。プレゼント用だと言えば、きれいに包装もしてくれる。

　店名がタイ語でしか書いていないが、店全体を覆う緑色の日よけが目印。ソイ23はしゃれたレストランが並ぶ通りなので、バーン・カニタ（P.13）などでランチをした後に立ち寄るのがベスト。

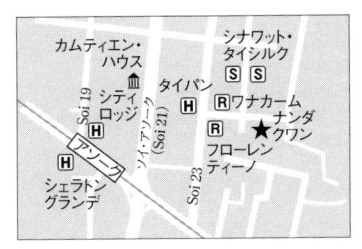

ショッピング

DATA

営業：09:00〜18:00　無休
予算：300〜1500B
行き方：BTSアソーク駅から徒歩10分
住所：108/3 Soi 23, Sukhumvit Rd
電話：259-9607

🎁 アンティーク

コロニアル・レジェンド　Colonial Legend　　MAP2 F-2

センス抜群かつ安い！　世界各国の雑貨、家具を買うならここ

　世界各地から輸入した家具や食器、雑貨やアクセサリーが所狭しと並ぶお店。オーナーは骨董品好きのフランス人・ヘンリーさんと、その夫人で日本人と中国人のハーフである睦美(むつみ)さん。お二人とも国際派で、貿易商だったヘンリーさんの鑑識眼と、寛斎、サンローランなど一流ファッションのデザインを手がけたこともある睦美さんのセンスが、商品選びとその良心的な値段にすべて表れている。

　店名のコロニアルとは「19世紀初頭のアジア植民当地時代風の」という意味で、アジアとヨーロッパ文化の融合によって作られた、独特の雰囲気の商品を仕入れている。家具は地元タイ以外にインド、スリランカ、インドネシア、ミャンマーから、食器はイギリス、ヨーロッパから輸入。家具は昔ながらのデザインに実用性を持たせたリプロダクト(再生品)がほとんどだが、家具・食器ともに骨董品も扱っている。また、絵画、絵はがき、バッグ、美しい織りの布地、中国刺繍のハンカチーフ、オリジナルデザインのアクセサリーや食器なども扱っている。

　店は半ばヘンリーさんの趣味なので、市場価格に合わせたものでなく、すべて仕入れ値から計算しているため、中には現地で買うより安価な商品もある。商品の値段は数十バーツの小物から、天蓋つきのベッドなど大型家具類が4万バーツくらいまで。日本人スタッフもいて、商品の説明をていねいにしてくれる。

DATA

営業：11:00〜21:30　無休
行き方：BTSプルンチット駅より徒歩5分
住所：20/20-21 Soi Ruamrudee, Ploenchit Rd
電話：255-5350〜3

アンティーク／NGOショップ

🎁 NGOショップ

ボランティアショップ（通称）　Volunteer Shop　MAP3 D-2

手織りの布地からお菓子まで手に入る、スクムビットの穴場店

　タイに住む山岳民族などの自立支援のため、彼らが作った品物を中心に販売するNGOショップ。チェンマイのラフ族やランプーンのカレン族が作った手織り・草木染めの布など、各民族やタイの地方に伝わる伝統的な技術を用いて作られた品々が、小さな店内に所狭しと並んでいる。

　布地は淡く優しい色合いで、布を使って作ったミニまくらやバッグ、ベッドカバーなどは実用性が高くかわいい品ばかり。マットミーや手織りのコットンは、布地だけでも販売。カラフルな手織りコットンのマフラーや、使い勝手のよさそうな大きなトートバッグもある。ピューターのビールジョッキ、リパオ編みのカゴなど、各地の工芸品も置いてある。

　おすすめはロイヤルプロジェクトのチューブ入りの蜂蜜やカーウタンガイ（アソークせんべい）、桑の葉茶、ハーブシャンプーなど。どれも普通の雑貨店やおみやげ屋にはありそうでない品物のうえ、値段も安いのでついつい手が伸びる。店内にはパールのアクセサリーやバッグを売るコーナーもあり、価格の安さでバンコク在住の奥様方に人気があるそうだ。

　場所はスクムビット通りソイ35にあるティッピーコートTippy Courtというマンションの1階。通りには看板が出ていないのでわかりにくいが、部屋の窓にある「営業時間」（日本語）の貼り紙を目印に探してみよう。

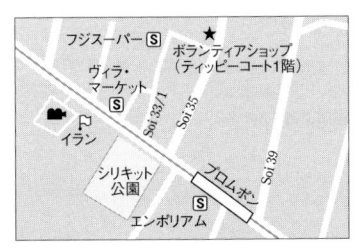

DATA

営業：9:00〜19:00　定休：日
行き方：BTSプロムポン駅より徒歩9分。スクムビット通りソイ35のティッピーコート1階
住所：Room No.18, Tippy Court （1階）
Soi 35, Sukhumvit Rd
電話：260-9794

ゴールド

燁剛文記大金行 トカン・ヤワラート　Toa Kang Jawaraj Goldsmith　MAP7 B-3

チャイナタウンの金行でゴールドショッピング

　「金行」とは、金や金のアクセサリーを売る店のこと。バンコクでは至るところで目にするが、特にチャイナタウンのヤワラート通りには大型の金行が軒を並べている。

　トカン・ヤワラートはチャイナタウンにいくつかの支店を持つ有名な金行。高級感の漂う店構えで、シンプルなデザインのものから繊細な細工のもの、ルビーやダイヤなどの宝石を組み合わせたものなど、アクセサリー類が豊富。お守りのプラ（P.175）や国王の肖像画が入ったペンダントヘッドもある。ただしタイで一般的な24金はやわらかいため、細い指輪は変形しやすく、またネックレスの留め金がS字型ではずれやすいのが難。

　タイの人にとって金は単なるアクセサリーではなく、いざというときに換金できる大切な財産。24金の製品は、不要になったら手数料を払えば買い取ってもらえる。金の重さの単位は「バート（バーツ）」で、1バートは約15g。価格は金の国際市場価格に連動し、その日のレートは店頭や店内に表示されている。値引きはしてもらえてもわずかなものだ。

　「和成興大金行」もヤワラートでは名前の知られた金行だが、値段はどこへ行っても大して変わらないので、にぎわっている金行が目についたらのぞいてみよう。ヤワラートまで行くのが面倒な人は、マーブンクローンセンター2、3階の金行が便利だ。

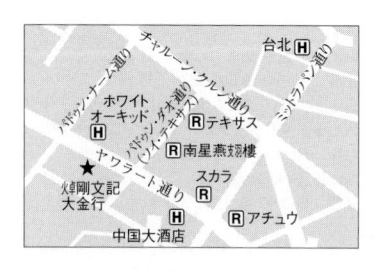

DATA

行き方：ヤワラート通りのホワイトオーキッド・ホテル向かい
電話：221-6435

めこん
〒113-0033 東京都文京区本郷3-7-1
電話 03-3815-1688　FAX 03-3815-1810

定価＝5,500円＋税
▶四六判／上製／672ページ
▶カラー口絵72ページ／詳細な地図多数

これぞ本当の冒険記です。

メコンを下る

北村昌之
Kitamura Masayuki

北村昌之 著
Kitamura Masayuki

1969年横浜生まれ。東京農業大学大学院修士課程修了。探検部監督。1990年、インドネシア・イリアンジャヤの洞窟探検を皮切りに、モンゴル、ボルネオ（マレーシア）など、海外の洞窟、大河の源流を探検。1994年よりメコン・プロジェクトに本格的に取り組み、2004年までに日中米合同隊、日中豪合同隊を率いて中国国内のメコン川全流をカヌー・ラフトボートで降下。2005年には中国国境からラオス・カンボジア・ベトナム領のメコン川全流を竹いかだや現地の舟で下った。

構成

1 メコン源頭へ　1994年
2 メコン源流を下る　1999年
3 雲南省、深い浸食の国を下る　2002年
4 チベット自治区の挫折
5 雲南省、少数民族地帯を下る　2004年
6 ラオス、メコンの流れのような旅　2005年
7 カンボジア、トンレ・トムを下る　2005年
8 ベトナム、九龍を下る　2005年

装幀：菊地信義

▶中国青海省、チベット自治区、雲南省、ラオス、カンボジア、ベトナム。11年をかけてメコン全流4909キロを下った東京農業大学探検部学生・OBたちの記録です。▶源流発見、未知の急流への挑戦、沈没、山の民・川の民との交流、トラブル、友情………。

JRL http://www.mekong-publishing.com/　　ISBN978-4-8396-0235-2 C0030　　発行＝めこん

激しくアジアに行きたくなる、メコン川探検記──角幡唯介氏が『メコンを下る』を読む。

▶メコン川といえば黄河、長江、ガンジス、インダスに比肩しうるアジア有数の大河である。中学校の教科書にも載っていたことから、誰もが名前ぐらいは知っているスター河川と言っていい。そのスター河川の源流探検が行われて源頭が発見されたのが、なんと二十世紀末、つまりつい最近のことだったといえば、皆さん驚くだろうか。

▶驚かないかもしれない。どうでもいいと言われれば、その通りだ。しかしこれはかなり驚愕すべき偉業である。十九世紀にアフリカで行われていたような地理的探検が、源頭発見という立派な成果をともなって人知れず継続されていたのだ。しかも日本の無名の若者たちによって。探検冒険に関心の高い欧米なら大きなニュースになっていたことだろう。

▶無名の、と書いたが著者の北村氏は名門東京農大探検部の監督をつとめた業界では知らない人のいない有名探検家だ。私も本人から「またメコン行くんだ」「本を書いているんだ」と聞き、そのたびに「あ～そうですか」と受け流していた。じつは何をしているのかよく知らなかったのである。それに本も出る出ると言って全然出ないもんだから、その話は流れたものだと思いこんでいた。それが今になって出たのですぐに読んだが、本当に意味のある地理的発見をしているので仰天した。どれだけ時代を逆行しているんだと半ば呆れる思いだった。

▶仰天したのは探検の素晴らしい業績もあるが、本として純粋に面白かったことも大きかった。構成としては旅を時系列でつづっただけだが、結果的にそれが見事な物語となっている。源流部の地理的源頭発見の記録にはじまり、チベット上流部の深い峡谷内部における決死の激流下りへの挑戦を経て、最後は竹筏や地元の船に乗り換えながら、下流部の東南アジアの国々をのんびりと下る。それぞれのパートで、それぞれのメコンが顔を変えて登場し、山あり谷ありで飽きることがない。読みやすい文章に流されるように一気に読み終えた。

▶足掛け十二年、六百七十五頁におよぶ長い旅の記録で、私の心に一番刺さったのはじつは後半ののんびりした下流部の部分だった。本来の読みどころは源流探検や上流部の冒険川下りの部分なのだと思う。そもそも最後ののんびり下りは、彼らが狙っていたメコン全流航下という世界初記録を別の探検家に達成されてしまった後の、目的を失った後の余興のような旅だった。しかしこの部分が実にいいのだ。それまでのハラハラした激闘から一転した、滔々と流れる飴色のメコンと一体化したような旅。人々との交流の中を無為とも思える時間が流れており、私たちが思い浮かべるメコンがすぐそこにあるのだ。本書を読みながら私は激しくアジアに行きたくなった。

▶若者が力をあわせて、かけがえのない何か大事なものを手に入れる。それは旅という行動様式のみが可能にする、人生における宝石のような瞬間だ。そう書くと陳腐で感傷的な表現のように思えるが、しかしそれを描くのに成功した記録や本はそう多くない。本書を読んで私は、こんな大きな川をこんな長い年月をかけて何度も挑戦した彼らのことを、率直に羨ましく思った。こんな冒険は、一生に一度あるかないかだ。彼らはそれを手に入れた。それは人生を手に入れたに等しいことである。

▶好感の持てる素晴らしい青春記であり、稀に見る旅行記だ。ぜひ多くの人に読んでもらいたい。

［文藝春秋 2017年11月号より転載］

ゴールド／シルバー

🎁 シルバー

リン・シルバークラフト　Lin Silvercraft

MAP6
B-2

ハイセンスなシルバークラフトの専門店

　ブレスレットや指輪といったアクセサリー類から、食器や小物入れ、本格的なダイニングセットまで、さまざまなシルバークラフトが揃う専門店。
　シルバーは北タイの町チェンマイで今も受け継がれる伝統工芸品のひとつ。安いというイメージもあるが、おみやげ屋にあるようなシルバークラフトとは違い、センスのいい品が並んでいる。

　トゥクトゥクやゾウをかたどった小さなペンダントヘッドは、手頃な値段で記念の品を探している人にはおすすめ。もう少し高価なものならブレスレット。シルバーは金のように財産としての価値はないが、「いぶし銀」というくらいの渋さが魅力。使い込むうちにひとつひとつに独特の風合いが生まれることもあり、ファンは多い。

　必見なのは、スプーンやフォーク、ナプキンリング、食器やカップといったダイニング用品。値段は高いが、結婚記念や赤ちゃん誕生記念といった、少しあらたまった日のプレゼントにぴったり。ゾウをデザインしたマグカップは、シルバークラフトに興味のない人間も惚れ込むかわいさだ。

　周辺には似たようなシルバーの店が集まっているので、何軒かハシゴしてじっくりお気に入りを選べる。欧米人客は多いが、日本人はあまり見かけない穴場店。オリエンタルホテルやオリエンタルプラザに来ることがあったら、のぞいてみたい。

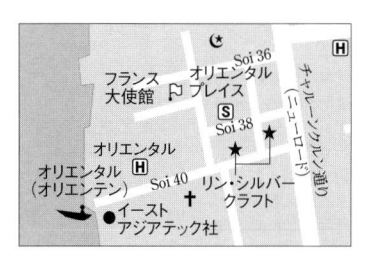

DATA

営業：9:00～19:00　定休：日
行き方：チャルーンクルン通りから、オリエンタルホテルのあるソイ40を入る。2店舗あり、ソイ40にある支店のほうが小さい。
住所：14 Oriental Avenue, New Rd (Soi 40)
電話：235-2108
予算：ペンダントヘッド90B～

ジュエリー

インドラ宝石店　Indra Jewelry

MAP2 D-1

ゾウやタイ文字のアクセサリーがかわいい、プラトゥーナムの老舗店

タイのジュエリーショップというと、巨大な宝石を使ったコテコテのデザインがお好みのところが多く、買う気で行ってもなかなかよい品が見つからないもの。そんな中でインドラ宝石店は、日本人の好みをよく研究している数少ない店。日本人の顧客が多いこともあって、ご主人は日本語もOK。お店を構えてすでに30年になる老舗だ。

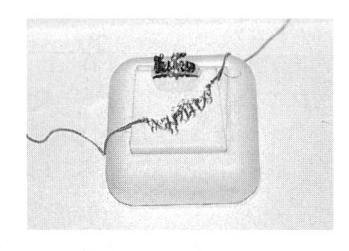

アクセサリーはどれも良心的な値段だが、質のいい石を使用している。ルビーやサファイヤなどの裸石も多数揃えてあるので、好きなデザインでオーダーすることもできる。オーダーは特急仕上げで3～4日、普通は1週間程度見ておいたほうがいい。

記念の品としてお手軽なのは、宝石を使わないゴールドやホワイトゴールドのジュエリー。ゾウをかたどった指輪は3000バーツくらいから何種類かあり、自分用のおみやげにはぴったり。

ほかのお店ではまず手に入らないのが、タイ文字をデザインした指輪やペンダントヘッド。タイ在住の日本人が、帰国が決まると記念に自分の名前で作っていくそう。タイ文字の指輪はゴールド（18金）が3000バーツ、ホワイトゴールドが4000バーツ程度。

場所はプラトゥーナムのインドラショッピングセンター2階。インドラリージェントホテルの2階から連絡通路で行ける。

DATA

営業：10:00～19:00　定休：日
住所：2053-4 Rajaprarob Rd
インドラショッピングセンター2階
行き方：バスでインドラリージェントホテル前下車。インドラリージェントホテル2階からも連絡通路あり
電話：208-0327~8

ジュエリー／ハーブ

🎁 ハーブ

プラチャン通りのハーブ屋

MAP5
A-3

ハーブ製品や薬が並ぶ、ワット・プラケオ近くの通り

　ワット・プラケオやタマサート大学から近いワット・マハータートの周辺には、色とりどりの薬（らしきもの）を店先に並べたお店が何軒かある。

　珍しいもの好きには気になってしょうがないが、どこもタイ語しか通じないので、タイ語ができなければ邪険に扱われるだけなのが悲しいところ。

　似たような店が並ぶ中でも商品の品揃えが豊富なのは、プラチャン通りとマハーラート通りの角にあるお店。薬以外にもいろいろな商品が店頭、店内に並んでいる。

　旅行者にもそれとわかるのが、ハーブ石鹸やハーブのシャンプー。飾り気のないパッケージに加え、シャンプーやコンディショナーの色は真っ黒。日本ではありえない色だがいかにも「効きそう」で、使ってみると気のせいか髪がしっとりしたような気も。このほかにもパッケージのかわいい芳香剤や、ハーブのお茶なども置いてある。並びには大学のガウンを売る店もあり、観光地感覚でぶらぶら散歩に出かけると楽しい。

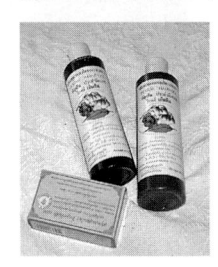

　タイでは何かと人気のハーブ製品だが、ハーブティーだったら大きなスーパーに行けばたいてい売っている。またハーブを使用した化粧品は、ブーツやワトソンズなどのドラッグストアなどで手に入る。

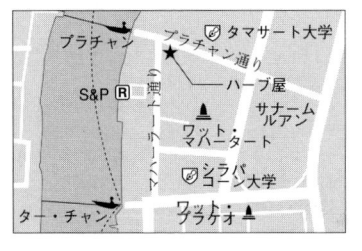

DATA

行き方：チャオプラヤー・エクスプレスのター・チャン船着場から徒歩7分。ワット・プラケオや国立博物館観光のついでに寄るといい

予算：ハーブシャンプー60B〜、ハーブ石鹸20B〜

🎁 オーダーメイド

　バンコクには激安店から高級店まで、星の数ほど仕立て屋がある。しかしオーダーで納得いくものを作るのは難しく、高級店だから満足できるとは限らない。最悪の事態になったとしても、笑ってすますくらいの大きな気持ちで臨みたい。生地は持ち込むこともできるが、特に高級店ではあまり歓迎されないようだ。オーダーの際は、次の点に注意したい。

●**早めにオーダー**　バンコク滞在が短い場合は、フィッティングやお直しの時間が取れるよう、できるだけ早くオーダーしよう。

●**どんな物を作るのかはっきり決めていく**　雑誌の切り抜きなどを持っていくのがベスト。デザインブックが置いてある店もある。

●**フィッティングの際のチェックはしっかりと**　完成してからでは直しようがないので、フィッティングのときに自分でよくチェックする。安い店ではフィッティングがないことも。

コットンハウス　Cotton House

MAP6 B-2

コットンの布地が充実。オリエンタルプレイス内の小さな店

　シルクよりもカジュアルで、実用的なコットンの需要を考えて開店したという仕立屋。タイ・中国シルク、ウール、リネンに加え、他店では少ないコットンの布地を各種取り揃えている。

　お客の半分ほどは日本人で、日本の洋品店にも商品を卸しているとか。急ぐ場合は2～3日で完成し、フィッティングも可能。日本への郵送もOK。オリエンタルホテル近くのショッピングセンター「オリエンタルプレイス」にある。

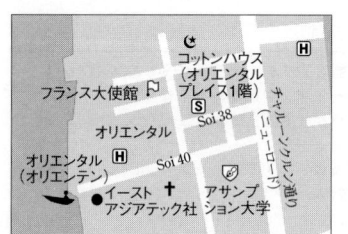

DATA

営業：10:00～19:00　日曜11:00～17:00
住所：オリエンタルプレイス1階
ワンピース：コットン2000B／シルク3000B
ブラウス：コットン1200B／シルク2000B
スーツ：コットン3000B／シルク5000B／ウール7000B
生地持ち込みの場合：ワンピース1500B　ブラウス600～700B　スーツ2500B

オーダーメイド

タニカ Tanika

MAP3 B-1

日本人の顧客も多いスクムビットの人気店

　大きな肩パットが入ったいかついスーツがショーウィンドウを飾る仕立屋の多いバンコクで、日本人好みのセンスを持った数少ないお店。カチッとしながらもソフトなラインの、上品なワンピースやスーツが得意。

　布地はシルク、コットン、リネンなどを取り揃えていて、冬物コートに使用する厚手のウールやカシミヤもある。シルク以外の布地はイギリス製やイタリア製といった外国製が中心で、質がいい分、タイ産の布地より値段は高め。自分で布を持ち込むことも可能だが、生地に問題があることも少なくないのであまり歓迎はしないそうだ。

　仕立てには1週間程度かかるが、急ぐ場合は3〜4日でもOK。ただしお店が忙しい場合は、急ぎの注文に対応できないこともある。滞在が短い人は、到着したらできるだけ早くお店に行こう。日本への郵送も可能。

　フィッティングでは、仮縫いの状態で袖を通しサイズやデザインの調整をする。完成してからでは直しは無理なので、問題があればこのときに必ず伝えよう。お店の人は物腰やわらかで、英語もバッチリ。安くはないが、バンコク在住者やその紹介などで日本人の利用者も多い、隠れた人気店だ。

DATA

営業：10:30〜20:00　日曜11:00〜17:00
住所：300 Sukhumvit Rd ※ソイ14近く
電話：229-4416
料金：カシミヤのコート10000B〜、スーツ6500〜35000B、男性ものコットンシャツ800B、ブラウス1000B〜、スカート1500B〜、ワンピース3000B〜（以上生地代込み）

🎁 オーダーメイド

ナリン Narin

MAP3 A-1

とっておきの1着を仕立てたい高級店

　仕立て屋の多いスクムビット通りで、ひときわ高級感あふれる仕立屋がここ。お店をきりもりするのは、パリで4年間ファッションの勉強したという若いご主人。得意なものは「全部」とのことだが、お店を見回す限り、少しドレスアップしたいときのおしゃれ着が多いようだ。

　客は上品そうな欧米人が中心で、英語、フランス語でのやりとりが可能。小さなお店だが、それだけに大型高級店にない細かな心くばりが期待できるかも。エレガントな雰囲気の中、オーダーメイド体験をしてみたいという人にはぴったりだ。

　採寸から完成までにかかる時間は通常で1週間、長くても2週間程度。お店と同じ建物内で仕立てをしているので、急な注文にも対応できるそう。どの程度急ぐかにもよるが、フィッティングは通常2回行う。日本への発送も可能だ。

　「とにかくオーダーメイドを」という気持ちが先行して、作りたい服のイメージが固まっていない人が多いとのこと。困ったことがあれば相談にのってもらえるが、短い滞在を無駄にしないためにも、自分の希望を正確に伝えられるようにしておこう。

DATA

営業：10:30～21:00（フィッティングは20時まで）
定休：日　行き方：BTSナナ駅より徒歩1分
住所：180 Sukhumvit Rd (Soi8-Soi10)
電話：251-9237
生地込み：ワンピースドレス7000B～、スカート2000B、シャツ700B～、ジャケット7000B～
生地持ち込み：ジャケット4000B～、スカート1000B～、パンツ1500B～、ドレス3500B～、ロングドレス6500B～、ブラウス2000B～、オーバーコート7000B～、ベスト2700B～

オーダーメイド／皮革製品

皮革製品

サイアムブーテリー　Siam Bootery

MAP6
B-2

実用性の高いブランドコピーバッグが人気

オリエンタルホテル近くにある高級ショッピングセンター「オリエンタルプレイス」内にある、バッグ、靴といった皮革製品の専門店。

店頭にずらりと並ぶのは、ヴィトンのエピシリーズやエルメスのケリーバックと同じデザインの、いわゆるなんちゃって物。オリジナルデザインが少ないのは少々残念だが、どれもしっかりできていて、毎日の通勤に重宝しそうなものばかり。皮の品質や縫製には自信ありとのことで、日本人のひいき客も多い。

バッグや靴のオーダーメイドも可能で、店頭に好きな色のものがない場合はリクエストに応じて作ってくれる。ただし仕上がりにかかる日数は、そのときの忙しさやデザインによって変わってくる。

ほかには海へび皮や、ちょっと珍しいエイの皮を使ったお財布やキーケースなどの小物類がおみやげ向き。大きなボストンバッグや、男性もののベルトやバッグ、お財布などもある。

ちなみにスクムビット通りにある同じ名前の店は、ここのご主人の兄弟の店。あちらは創業30年の老舗で、ウエスタンブーツが流行った時代に一世を風靡したのだとか。ご主人いわく、「でもうちのほうがセンスはいいよ」。

オリエンタルプレイスには、このほかにもオーダーメイドやアンティークのお店がたくさん入っているので、買い物好きなら出かけてみたい。

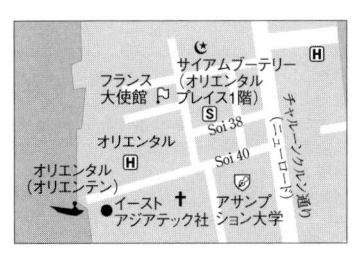

DATA

営業：10:30〜19:00　定休：日
住所：30/1 Soi Charoen Krung 30 Charoen Krung Rd　オリエンタルプレイス1階
電話：630-9122
料金：サンダルオーダー1600B、ケリータイプバッグ小5000B代〜

🎁 コンピュータ

パンティープ・プラザ　Pantip Plaza　MAP2 C-1

パーツやソフトが勢揃いするバンコクの秋葉原

　コンピュータや周辺機器専門のショッピングセンター。コンピュータ関連の小さなテナントがぎっしりつまった、バンコクの秋葉原的な存在だ。日本でもパソコンは安いのでそれほど激安感はないが、パソコン好きでバンコクの電脳街に興味がある人なら観光地感覚で楽しめる。

　日本のパソコンショップで売られているパソコンは完成品ばかりだが、ここで販売しているのは自分でパソコンを組み立てるためのパーツが主。といっても自分ですべてやる必要はなく、必要なものを購入したら、組み立てやソフトのインストールはお店でやってくれる。9割以上はDOS-V機で、マックのシェアはほとんどない。

　ソフト類は多くがコピー商品。パッケージの写真を見て商品を選び、現物は後で渡される仕組み。当然のことながら違法な品物で、購入も違法。音楽や映画のCDも安価で販売していることで有名だが、こちらも違法コピーがほとんど。ジャケットもお粗末な印刷なので、正規のオリジナル品を購入すべし。

DATA

営業：10:00〜21:00（テナントにより異なる）
定休：テナントにより異なる
行き方：プラトゥーナム交差点から、ペッブリー通りを徒歩約7分
住所：Petchburi Rd
電話：255-2772

コンピュータ／CD

🎁 CD

メーンポーン　Mang Pong
MAP2 D-2

バンコク市内に多数の支店をもつCDショップ

メーンポーンは「さそり」という意味で、店名のとおりさそりのマークが目印。マーブンクローンセンターやワールドトレードセンター内などに支店があるので利用しやすい。タイポップスの品揃えが豊富。

ここに限らず、CDをあれこれ見てみたいならマーブンクローンセンターがおすすめ。個々のショップは小さいがお店の数が多く、多少値引き販売している店もある。販売価格はお店によって多少異なるが、タイ音楽のCDなら250〜290バーツ、洋楽なら500バーツ程度。カセットテープは50〜60バーツで入手できる。

DATA
◇マーブンクローンセンター店
営業：10:00〜20:00　無休
行き方：BTSナショナルスタジアム駅より直通連絡通路あり
支店：ワールドトレードセンター、シーロムプラザなどに支店あり

タワーレコード　Tower Record
MAP2 D-2

洋楽からタイポップスまで、幅広い品揃えが魅力

ご存じアメリカのCDチェーン。ワールドトレードセンターやエンポリアム内に巨大な店舗を構えていて、とにかく品揃えが豊富。得意の洋楽はもちろん、日本やタイのポップス、ジャズやカントリーのコーナーも充実。ビデオやビデオCDも並ぶ。値引き販売している店があることを考えると多少価格は高めだが、探し物がある場合は便利。試聴ブースもある。

またタイの伝統音楽やルークトゥン、何が入っているのかさっぱりわからないタイ音楽のCDやカセットもたくさん。どんな音楽かは聞いてからのお楽しみだが、カセットなら60バーツくらいからあるので、おみやげにはいいかも？

DATA
◇ワールドトレードセンター7階店
営業：10:00〜20:00　無休
行き方：BTSラーチャダムリ駅より徒歩7分
支店：エンポリアム、サイアムセンター4階などに支店あり

本

紀伊國屋書店　Kinokuniya　MAP2 D-2

掘り出し物も手に入る、バンコク最大の日本語書店

　旅行ガイドから漫画、ビジネス書、小説に至るまで、日本の書籍・雑誌を多数取り扱っている。中でもタイや東南アジア諸国に関する日本語書籍のラインナップは、日本の書店でもないくらい充実。価格は日本よりも高くなるが、すでに絶版になった本など、掘り出し物が見つかることもある。

　またタイ国内で印刷された、日本では手に入りにくい日本語書籍も多数。タイ語を勉強している人は、タイで出版されているタイ語練習帳や辞書、タイ人が日本語を勉強するための参考書や辞書などを見てみると面白い。

　日本語のフリーコピー誌も置いてあり、もらっておくとイベントなど最新情報を入手するのに役立つ。エンポリアムにも支店があるが、英語書籍のみの取り扱い。

DATA

◇伊勢丹6階店
営業：10:00〜21:00
行き方：BTSチットロム駅より徒歩5分
電話：253-0175

アジアブックス　Asia Books　MAP2 D-2

アジア関連の英語書籍ならここ。店頭にはバーゲン品も

　英語書籍専門の書店で、アジアに関する本を探している人は必見。ワールドトレードセンター、タニヤプラザ、エンポリアム、サイアムディスカバリーセンター、タイムズスクエアなど、市内に10店舗以上ある。旅行ガイドや地図はもちろん、東南アジアやタイの文化、歴史、社会に関するコーナーが充実。アジアブックスが独自に出版する東南アジア関連の本もある。

　メコン川流域諸国をテーマとした書籍専門の出版社ホワイトロータスの本は、100年以上前の東南アジア旅行記など、アジアファンなら必読の書籍ばかり。雑誌『Traveller』は、一般の旅行誌では決して取り上げないタイや周辺国の情報が満載だ。

DATA

◇ワールドトレードセンター3階店
営業：10:00〜21:00
行き方：BTSチットロム駅より徒歩5分

Massage & Ethtetic
マッサージ&エステ

タイ古式マッサージ
高級スパ
エステ
格安エステ
ネイルサロン

🅞 タイ古式マッサージ

●タイ古式マッサージとは

　タイに来たらぜひ体験してみたいのが、タイ古式マッサージ。バンコクではとてもポピュラーで、5分も歩けばマッサージ屋の看板が目に入るほど。もちろん日本のマッサージ屋に比べたら、料金も格安だ。

　日本でいうマッサージは、一般的にこりをほぐしてリラックスすることを目的としている。これに対してタイ古式マッサージは、タイの古典医学に基づく医療行為。体を流れる10本の「線」を刺激して血のめぐりを良くするもので、インドのヨガの技法も取り入れられている。ウコンやレモングラスなどの天然ハーブをミックスして使用する「ハーブマッサージ」もある。

　タイ古式マッサージは、まず足をゆっくりともみほぐしていくことから始まり、だんだんと上半身へと進んでいく。マッサージ師が体の上に乗ったり、客を空中に持ち上げてエビぞらせたりと荒っぽい技ばかりが紹介されるが、それは最後の10分程度。最初はびっくりするが、上手なマッサージ師にあたれば痛いということもない。ただしマッサージ中は無言で横たわっているだけでなく、痛いと感じるときは「痛い！」と声に出してマッサージ師に伝えたほうがいい。

　タイ古式マッサージは、フルコースで受けると2時間かかる。時間がなければ1時間だけ受けることも可能だが、お店によっては2時間コースのみというところもある。時間があったらぜひ2時間受けて、タイマッサージの神髄をたっぷりと味わおう。

●どんなところで受けられる？

　古式マッサージのお店はあちこちにあるが、マッサージ専門店だけでなく、格安エステや高級スパでも、たいていマッサージのコースを設けている。

　料金はタイ人向けの庶民的な店なら1時間100〜150バーツ程度のところもあるが、

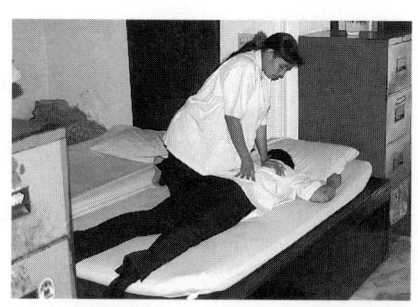

ワット・ポー

外国人が行くような店なら1時間200バーツ程度が一般的。

マッサージ部屋はたいていカーテンで各ベッドが仕切られた大部屋だが、個室のある店もある。超格安の店でなければ着替えを渡されるので、それに着替えてベッドに横になればいい。

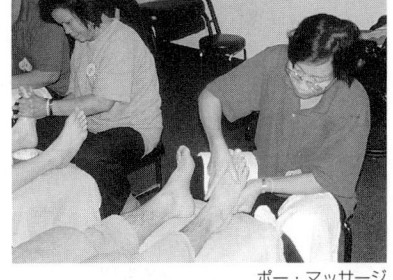

マッサージ師は女性がほとんど。肝心のマッサージ技術のほうは、マッサージ師によって激しい差がある。ワット・ポーなどで研修を受けたマッサージ師もいるが、見よう見まねで覚えた人も少なくないらしい。

ポー・マッサージ

●マッサージ師へのチップは必要？

チップの習慣のない日本人にとって、チップは頭が痛い問題。できたら払わずにすませたいところだが、マッサージ師はみなチップを期待している。

では具体的にいくら払えばいいかということになるが、もちろんチップなので決まった金額などはない。観光客の中には事情を知らずにチップを払わない人も少なくないので、観光客の多いマッサージ店ではあらかじめチップ代を込みにした高めの料金設定になっているところも多い。

しかし高い店なら払わなくてもいいかというとそうでもなくて、やっぱりマッサージ師はチップを期待しているらしい。お金があるなら、小額でも払ってあげるのがベターかも。

参考までに、私は2時間250バーツ程度なら100バーツ、400バーツ程度のお店なら40〜50バーツ程度渡すことにしている。絶対にあげない主義の人もいれば20バーツという人もいるらしいので、そのあたりは懐しだい。もちろんチップなのだから、あまりにもヘタだったらあげなくてもいい。

奥ゆかしい日本人は、ついチップを渡すタイミングをのがしてしまいがち。帰り際に担当のマッサージ師がドアのところまで送ってくれるので、ここでさりげなく渡すといい。

タイ古式マッサージ

ワット・ポー　Wat Pho

MAP5 A-5

本格マッサージが体験できる、タイ古式マッサージの総本山

巨大な寝釈迦仏で有名なワット・ポーは、タイ古式マッサージの総本山。境内にあるマッサージ場は、いつも地元客や観光客でにぎわっている。料金は大して安くないが、30分コースもあるので、観光ついでに少しだけマッサージ体験をすることができる。

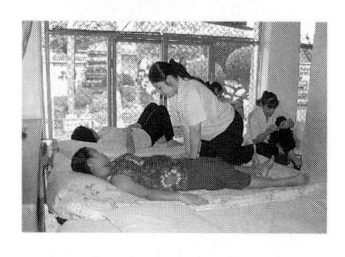

マッサージ場は小さな平屋の建物。エアコンはないが風通しがよく、天井のファンが涼しい風を送ってくるので快適。マッサージ師は若い人が多く、腕はまあまあといったところ。基本的にタイ語のみだが、外国人も大勢訪れるので対応には慣れている。

ここでは古式マッサージ、フットマッサージのほかに、ハーブマッサージも受けられる。これはウコンやレモングラス、カンキツ類など数種類の薬草を調合して叩きつぶしたものを、木綿の布にくるんで蒸し器で温め、暖かい状態のまま体をなでたりポンポン叩いたりするもの。血行を促進させ、筋肉の炎症による痛みなどに効果がある。布はハーブの色でまっ黄色。体や服に染みつくほどではないが、シャワーを浴びて帰るわけではないので、汚れたら困るような服は着ていかないほうがいい。

受付はもちろん英語OK。希望のコースと時間を言って料金を払ったら、着替えの服を渡される。更衣室はカーテンで仕切られただけのスペースなので、着替えやすい服で出かけよう。

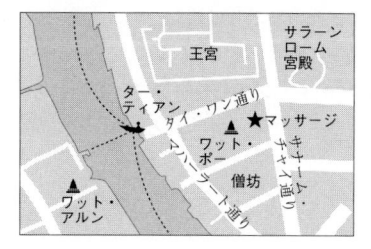

DATA

時間：8:00〜18:00　無休
古式マッサージ：150B／30分、250B／1時間、ハーブマッサージ：350B／1時間、フットマッサージ：250B／40分、シーツの交換：20B
※ワット・ポーの入場料20Bが必要
住所：2 Maharaj Rd　電話：222-0933

タイ古式マッサージ

ソイ・スリウォン　Soi Sriwong

MAP4 C-1

観光客には知名度バツグン。パッポン至近のマッサージの殿堂

　タイ古式マッサージの大型店が数件集まる路地「ソイ・スリウォン」。歓楽街パッポン通りに近く、夜はネオンがギラギラ。怪しげな日本語を操る呼び込みも徘徊しているので、「風俗系マッサージでは」とついつい敬遠してしまいがち。

　しかし客はほとんどが普通の外国人観光客で、その多くが日本人。観光客目当ての店なので高そうだが、実は意外とリーズナブル。マッサージ師はほとんど女性だし設備も立派なので、女性でも安心して利用できる。

　ソイ・スリウォンの一番手前にあるのが、「キングス・ボディハウス」。エントランスが明るく、入りやすい雰囲気のマッサージ店だ。メニューはボディマッサージとフットマッサージ、オイルマッサージ。フットマッサージはふかふかのソファが5～6個並ぶ部屋で、ちゃんと足を洗ってから始めてくれる。あくまでソフトにもむタイ式のフットマッサージで、旅行の疲れもふっとんでしまう。

　ソイ・スリウォンにはほかに有馬温泉、ウェジャコーン、マーブルハウスといった大型マッサージ店が並んでいるが、メニューや料金はどこも似たようなもの。中でも有馬温泉は日本人に有名で、男性用のサウナもある。

　場所はスリウォン通りにある人気レストラン「サリカカフェ」の横を入ったところ。ソイ・スリウォンのマッサージ店はどこも深夜まで営業しているので、パッポン観光や周辺のナイトスポットめぐりのついでに寄るといい。

DATA

◇キングス・ボディハウス
営業：9:00～1:00　無休
料金：足マッサージ280B、ボディマッサージ350B／2時間
電話：253-0175
行き方：BTSサラデーン駅より徒歩8分。スリウォン通りのサリカカフェ横を入る

タイ古式マッサージ

ポー・マッサージ　Po Massage

MAP3
C-2

ワット・ポーの技術が光る、健全＆安心のマッサージ店

「ソイ・スリウォンが安心とはいっても、何かギラギラしていて…」という人はポー・マッサージへ。

ここは隣にあるワット・ポーマッサージスクールの直営店なので、マッサージ師はワット・ポーの講習を受けた人ばかり。バンコクのマッサージ屋にはまともな講習を受けないままに営業しているマッサージ師も少なくないので安心だ。スクムビット通りにありアクセスも楽。ワット・ポーまで行くのは面倒だけど、安心できるマッサージ屋を探している人にはぴったりだ。

そのうえ古式マッサージが2時間250バーツと料金も格安。マッサージ好きならバンコク滞在中に2度3度と足を運びたくなる。

一見こぢんまりとして見える店内は、1階がフットマッサージ用、2、3階が古式マッサージ用と分かれている。マッサージの部屋はゆったりとマットが敷かれた大部屋で、隣とはカーテンで仕切られている。シーツや着替えは清潔で、もちろんエアコンもある。コテコテした装飾は一切ないが、本家ワット・ポーを思わせる素朴かつ健全そのものの雰囲気。マッサージが初めてでも安心して利用できる。

ソフトなフットマッサージも人気だが、珍しいのは「角質取り」というメニュー。ほかではまず見かけないので、フットマッサージといっしょに試してみては。

DATA

営業：9:00～23:00（最終受付）　無休
行き方：BTSプロムポン駅より徒歩8分
電話：261-0055
住所：14/5 Soi 33, Sukhumvit Rd
料金：古式マッサージ150B／1時間、250B／2時間、フットマッサージ250B／1時間、角質取り120B／30分

プラチャン通り　Thanon Phra Chan

MAP5 A-3

観光客向けのマッサージ店に飽きたらない人におすすめ

「観光客の行く店はいやだ」「変わったマッサージ体験がしてみたい」という人には、プラチャン通りのマッサージ店が猛烈におすすめ。究極の庶民派マッサージが体験でき、もちろん料金も激安だ。

このあたりのマッサージ屋の建物は、すべて普通の民家。木造2階建ての古い家屋ばかりで、店先ではタイのハーブや薬を販売している。中には町医者風のマッサージ屋もある。

適当なお店に入ったら、マッサージを何時間受けるか言って、順番を待つ。マッサージ部屋は「こんなところ入っていいの？」というような民家の奥。古い長屋の内部や裏庭が観察できるいいチャンスだ。基本的にどこもタイ語のみだが、「MASSAGE」という英語の看板を下げている店もある。

とあるマッサージ屋は、建物の中の狭い階段をギシギシ上がって行くとガラスの扉があり、その中がマッサージ場。12畳ほどの部屋の床にマットが8つ敷いてあるだけで、従業員だか客だかわからないおばさんがごろごろしたり、編み物に熱中していたりする。肝心のマッサージはテレビを見ながらののんびりペース。シーツを代えたり、足を洗ったりしないので、神経質な人は気になるかも。着替えもないので、めくれない服で行こう。

場所はタマサート大学の南側の通り。バンコク中心部からはやや離れるが、ワット・プラケオや国立博物館の観光のついでにどうぞ。

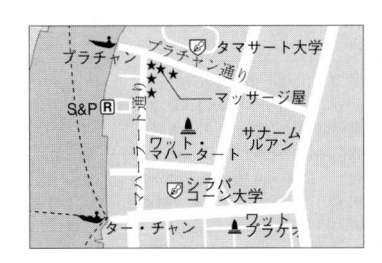

DATA

営業：9:00〜19:00頃
料金：マッサージ100バーツ／1時間、フットマッサージ150バーツ／1時間
行き方：行き方：マーブンクローン、スクムビット方面からはエアコン8番のバスなどで。ター・チャン船着場からは徒歩7分

タイ古式マッサージ

伊勢丹向かい

MAP2
D-2

ひな壇マッサージが体験できる不思議空間

　バンコクにマッサージ店は数あれど、最も謎なのがひな壇マッサージだろう。

　これはマッサージ師（全員女性）がひな壇にずらりと並んで座っていて、その中から好きな人を選んでマッサージしてもらうというスタイルの店。これでも風俗店ではなく、れっきとした古式マッサージ店なのだ。

　ひな壇マッサージ店が何軒かあるのが、大通りを挟んで伊勢丹の向かいあたり。その中の1軒タノームガーイは、「古式マッサージ」という日本語の看板を出しているので、それを頼りに探し出そう。

　勇気を出して薄暗い階段を上って行くと、2階が受け付け。ドアを開けると正面に全面ガラスの壁があり、その向こうがひな壇。ここに女性たちがずらりと座っている。受け付けで何時間かを言い料金を確認したら、マッサージ師を指名。ただし、たいてい勝手に選ばれる。

　マッサージ室は窓のない薄暗い大部屋。ここでパジャマを渡されるので、着替えてごろりと横になればいい。お店に入るのに少し勇気がいるが、入ってしまえば別にどうということはない（たぶん）。

　このエリアのひな壇マッサージで最も有名なのが「パビリオン」。民芸品デパート「ナライパン」の地下1階奥にあり、日本人もよく来るので、こちらのほうが抵抗なく入れる（2時間400バーツ）。フットマッサージもある。

DATA

営業：12:00〜24:00
行き方：BTSチットロム駅から徒歩10分。伊勢丹向かいの路地を入ったところ
電話：253-9992
住所：89/9 Soi Bangkok Bazaar Rajdamri Rd
料金：古式マッサージ1時間200B、2時間400B

フットマッサージ

ミスター・フィート Mr. Feet

健康に効果バツグン？ 話題の激痛フットマッサージ店

日本では「足の裏マッサージ」として知られるフットマッサージ。ひと口にフットマッサージといっても、足の疲れをとるためあくまでソフトにもむタイ式マッサージと、飛び上がるほど痛い中国式の足ツボマッサージがある。

普通のマッサージ店ではソフトなマッサージが主流だが、中国式の激痛フットマッサージが体験できるのがこのマッサージ治療院。伊勢丹から近く、アクセスも楽だ。

まずは足にクリームをたっぷり塗って、マッサージを開始。足の裏には内蔵や体に関わるツボがたくさんあるため、どこか体に悪いところがあるとグリグリ押された部分に激痛が走るというわけ。ただし激痛にもほどがあるという人には、多少加減してくれる。マッサージは足の裏を中心に、足の甲、膝の下まで行う。締めには軽くボディマッサージ。これだけ強く押せば、どこも悪くなくても痛いのでは…という素朴な疑問を抱きつつも、終わったらなんとなく体が軽くなったような気がするから不思議。継続的に通っていると、徐々に痛みを感じなくなるそうだ。

このマッサージはあくまでも治療行為。生理中や妊娠中の通院は避ける、食後1時間以上たってから受ける、痛みを感じたら我慢せず声を出して叫ぶか笑うかする、といった、いくつかの決まりごとを守ること。継続的に通う人には、個人のカルテを作成してくれる。

DATA

営業：10:00～22:00
行き方：BTSチットロム駅から徒歩12分。伊勢丹向かい、バンコク銀行横の路地を入って左折
住所：43-43/1, Rajdamri Rd
電話：655-6306
料金：フットマッサージ45分300B

エステ

●バンコクでお気軽エステ体験

激安エステから高級ホテルのスパまで、バンコクのエステは数もバラエティも豊富。フェイシャルケアにボディケア、マッサージといった基本メニューに加え、アロマテラピー、ハイドロセラピーなど、それぞれのサロンで個性的なメニューを用意している。

グランデ・スパ

料金も安く、200バーツ以下でフェイシャルケアが受けられる店もある。日本では敷居が高くて…という人も、気軽に体験してみよう。

格安エステのエステティシャンには基本的にタイ語しか通じないが、観光客の多いバンコクだけあってどこも外国人の扱いには慣れている。「フェイシャル」などと希望のメニューを指定すれば、あとは適当にやってもらえる。

●充実のボディケアも人気

フェイシャルに比べて少々面倒な気もするが、ぜひ試してみたいのがボディケア。ほぼ裸になって受けるので初めてだと抵抗があるかもしれないが、心身ともにリラックスできる。オリエンタル・スパのような人気のスパは予約が取りにくいこともあるが、それ以外は昼間であれば簡単に予約が入る。高級エステに予約を入れていく場合は、ゆっくりシャワーを浴びてからスタンバイできるよう、早めに到着するようにしよう。タクシーやバスで行くのなら、特に夕方は渋滞を考慮して、時間に余裕をもって出かけたい。ボディケアの場合は着替えを持っていくと、さっぱりした気分で帰れる。

●男性も大歓迎！

日本ではエステというと男子禁制のイメージがあるが、タイでは男性も気軽に足を運んでいる。特にマーブンクローンあたりの激安サロンでは、お客の半分以上が男性ということも。体重100キロくらいありそうな大男が、顔にキュウリを乗せ全身を磨かれていても、誰も不思議に思ったりしないのだ。マッサージのついでに、フェイシャルくらい挑戦してみては。

高級スパ

グランデ・スパ　The Grande Spa & Fitness Club

MAP3 B-1

アロマテラピー・マッサージが人気の高級スパ

スクムビット通りに面した高級ホテル、シェラトングランデ・スクムビット内の高級スパ。エントランスからハーブの香りがただよう店内は、照明を落としてリラックスできる空間を演出。内装にはチークやタイシルクを使用し、タイらしいオリエンタルな雰囲気を作り出している。

個室は全部で11室。ほかの高級スパでもあまり見かけない「ハイドロセラピーバス」を備えた個室や、カップルや友人同士で利用できる部屋もある。

メニューはフェイシャルトリートメントやボディラップなど豊富にあるが、人気はボディマッサージ。中でもアロマテラピー・マッサージは人気が高く、好みの香りのアロマオイルを使用してマッサージすることにより、心身ともにリラックスできる。

時間とお金があるなら、充実の半日、1日スパ・パッケージがお得だ。ハイドロセラピー・バスやボディマッサージ、フェイシャルなど複数のメニューを組み合わせたいくつかのコースが用意されている。男性に人気なのは、ジェントルマンズ・グルーミング。スウェディッシュ・マッサージやフェイシャルトリートメントが含まれる3時間半のコースだ。

BTSですぐアクセスでき、予約を入れておいても遅れる心配がないので安心。昼間は比較的空いているが、予約は入れたほうがいい。

DATA

営業：8:00〜22:00　無休
住所：250 Sukhumvit Rd　シェラトングランデ・スクムビット3階
予約：653-0282
予算：アロマテラピー・マッサージ60分1700B、ボディラップ75分2500B、ギノー・フェイシャルトリートメント60分1800B

エステ

ハナコ・トーキョー Hanako Tokyo

個性的なフェイシャルメニューが◎。リーズナブルな人気店

　日本の化粧品メーカーが経営するエステサロン。自社の化粧品と日本製のエステ器具を使用し、エステティシャンもすべて研修を受けた専門家。リーズナブルな料金で充実のフェイシャルケアが受けられるとあって、現地在住の外国人や旅行者の人気を集めている。

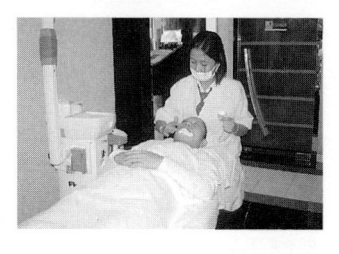

　フェイシャルメニューで人気なのは、余分な角質を取り除く「スペシャルケアコース」。クレンジングから始まって、ピーリングで角質の除去。マッサージとスチーミングの後、毛穴の汚れをマシンで取り、クレイパックもしくは海草パック、トリートメント、そしてメイクアップという充実の内容。他店ではあまりないピーリングが受けられることが、人気の秘訣のようだ。

　日焼けが気になる人には「ビタミンCコース」、小じわが気になる人には「コラーゲンマスクコース」、きめ細かいすべすべ肌になりたい人には「泥マスクコース」といったフェイシャルメニューも用意されている。嬉しいのは、他店にはまずないフェイシャル後のメイクアップサービス。フェイシャルの他にはボディケアやメイクアップ、まつ毛パーマも行っている。

　店内は白で統一され、明るく清潔感にあふれている。バンコクに何店舗かあるが、旅行者にはサイアムスクエア店（地図2 B-2）が便利。言葉の心配がある人は、日本人スタッフのHISAKOさん（月〜金10:00〜17:00）が常駐するスクムビット店が安心。もちろん男性の利用も大歓迎だ。

DATA

◇スクムビット店
営業：9:00〜20:00　電話：662-5831-4
行き方：BTSプロムポン駅より徒歩10分。ソイ39の入口からシーロー（ソイの中を走るタクシー）利用が便利。「ハナコ」と言えば通じる
料金：ベーシック550B、デラックス650B、スペシャルケア1000B、ビタミンC1150B、泥マスク1050B

エステ

インドラ・ビューティ Indra Beauty

MAP4 D-2

天然ハーブのボディケアが嬉しい、アットホームななごみ系サロン

　美容院やフットマッサージ屋も兼ねている小さなエステサロン。美容院が集まるサラデーン通りにある。

　このサロンでのおすすめは、クミンやレモングラスなど天然のハーブをオリジナルミックスして使用するボディケアだ。

　まずはアロマオイルで全身を十分にマッサージ。部屋にハーブのいい香りが漂ってきたら、部屋の隅に置かれた家庭用のハーブサウナに入って約10分。ほどよく蒸しあがったところで、全身にハーブのスクラブを塗ってお肌の汚れを取る。その後ミルクオイルで再び全身をマッサージし、お風呂でスクラブを洗い流してミネラルバスに入るという内容。ボディケアといえば1時間程度で終わってしまうのが普通だが、ここではたっぷり2時間近くかけ、ていねいにマッサージをしてくれる。

　ボディケア用の部屋は1階の奥にあり、なんだか人の家のお風呂場を借りている感じ。高級スパのような豪華さはまったく期待できないが、あくまでもアットホームな雰囲気を大事にしているそう。終了後、お茶を飲みながらお店の人とおしゃべりなんていうのも、大型店ではできない体験だ。

　もともとインドラホテル内で営業していたため、そこを常宿としていたフライトアテンダントにも常連さんが多いとか。ボディケア用の部屋はひとつしかないので、夕方以降は予約をしたほうがいい。

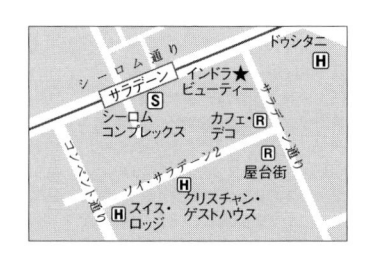

DATA

営業：10:00～20:30
行き方：BTSサラデーン駅から徒歩3分
住所：4-6 Soi Saladaeng, Silom Rd
電話：233-5262
予算：フェイシャル800B（アメリカ製の化粧品を使用）、1000B（フランス製の化粧品を使用）、ボディケア2時間1000B

格安エステ

タルーンビューティー　Ta-Lueng Beauty

MAP2 B-2

格安エステならマーブンクローンセンターへ

　格安エステが乱立するマーブンクローンセンターで、とりわけ安いお店が集まるのが3階フロア。値段はどこも似たようなもので、フェイシャルケアなら200バーツ程度。安いだけあって、たまに手順のどれかが抜けるのはご愛嬌。「エステは体験してみたい、でもお金をかけるのはいや」という好奇心の固まりのような人は、ぜひ挑戦してみよう。

　格安エステのひとつがタルーンビューティー。格安とはいっても、フェイシャル、ボディ、ネイル、フットマッサージと、ひととおりのメニューを揃えている。フェイシャルはスクラブやマッサージ、毛穴吸引といったオーソドックスな内容だが、ていねいにマッサージをしてくれる。

　フェイシャルのほかにおすすめはネイルケア。こちらもマニキュア&ペディキュアで200バーツという激安価格。ネイルアートのような凝ったことはできないが、誰かに爪のお手入れをしてもらうのはいい気分。ただしマニュキュアは色が少なく、色もイマイチ。最初に見せてもらったほうがいい。

　このほか、マーブンクローン3階にはフェイシャルがなんと140バーツという激安店もある。どの店も似たような内容なので、安くすませたい人はフロアをひと回りして料金を聞いてみよう。4階にはもうワンランク上のサロンが何軒かあり、フェイシャルメニューが豊富な「ブロンズ」「ユア・フェイス」などが人気店だ。

DATA

営業：10:00〜20:30
住所：マーブンクローンセンター3階
予算：フェイシャル200B〜、ネイル（マニキュア&ペディキュア）200B、ボディケア400B〜、アロママッサージ1000B、オイルマッサージ400B、タイマッサージ400B、足マッサージ1時間300Bなど

格安エステ

ラバンス L'avance

MAP2 D-2

ていねいなフェイシャルケアを格安で体験

　マーブンクローンセンターはごみごみしていて落ち着かない、という人には、ワールドトレードセンターにある格安エステがおすすめ。中級サロンの多いワールドトレードセンターでは貴重な存在だ。マッサージやボディケアもあるが、試してみたいのはやはりお手軽なフェイシャルケア。

　フェイシャルの内容は、まずクリームでクレンジングをしてから顔のマッサージ。次にスクラブで汚れを落とし、スチーミングをして再びマッサージ。マシンで毛穴の汚れを吸引し、顔にきゅうりを乗せてひと休み。落ち着いたところでパックをして終了、という一般的なもの。最後には軽くボディマッサージをしてもらえる。

　マーブンクローンの格安エステより少しだけ高いが、その分ていねいにケアしてくれ、雰囲気もずっと落ち着いている。

　エステのコーナーはベッドが数台あるだけで、決して広くない。仕事帰りのOLたちがやって来る夕方以降は混み合うので、早い時間に出かけたほうがゆっくりできる。

　サロンは少々奥まったところにあるので見つけにくい。Hair Texという美容院と入口が同じなので、こちらを目印に探すとわかりやすい。

DATA

営業：10:00～21:00　無休
住所：ワールドトレードセンター4階
電話：255-9602
予算：フェイシャルケア240B

ネイルサロン

ネイルカフェ　Nail Cafe

MAP2 C-2

安心の技術とこだわりのオリジナルデザインが魅力

　単にマニキュアを塗るだけなら格安エステでもできるが、安心できる技術とセンスのネイルサロンとなると、見つけるのはなかなか難しい。

　そんなときに頼りになるのが、サイアムセンター内にオープンしたネイルカフェ。小さなお店ながら、ずらりと並ぶマニキュアはなんと300色以上。店内やショーウィンドウにはカラフルなネイルチップが並び、宝石箱をひっくり返したようだ。

　このネイルサロンを経営するのは、日本人ネイルアーティストの森澤さん。ラインストーンが散りばめられた色とりどりのネイルチップは、すべて森澤さん手作りの品。世界にひとつしかない、オリジナルデザインのものばかりだ。色やデザインに相当なこだわりがある人も、これだけあればきっとお気に入りが見つかるだろう。

　料金もネイルアートが1本30バーツからと、日本では考えられない安さ。サイアムセンター内という便利な場所にあるので、旅行者でも迷うことなくたどり着ける。お金持ちの奥様専用サロンといった敷居の高さもないので、気軽に立ち寄れるのも魅力。「ネイルアートには興味あるけど、日本では仕事があるのでなかなか…」という人でも、旅行中なら問題なし。バンコク滞在中に、普段はできないネイルのおしゃれを楽しんでみては？

DATA

営業：10:00～19:30（ラストオーダー）無休
　　　※森澤さんは日曜休み
住所：976 Rama I Rd サイアムセンター3階
料金：マニキュア200B、ペディキュア250B、アクリルネイル1950B（10ピース）、ネイルアート1本30B～
電話：658-1198

Nightlife
ナイトライフ

キャバレーショー
ディスコ
ライブハウス
バー

キャバレーショー

カリプソ・キャバレー　Calypso Cabaret　MAP2 B-1

本格的なステージが楽しめる、バンコク名物キャバレーショー

オカマはタイの風物詩。総勢50名というオカマによる歌と踊りの本格的なショーが楽しめるのが、ここカリプソのキャバレーショーだ。

オカマとはいっても、ショーの出演者はすでに全身改造済みのニューハーフばかり。理想的な女性美を実現させた、それは美しい人たちだ。

ダンスを中心に構成されたステージは、照明や衣装も凝っていて本格的。タイダンスやクメールダンス、日本の歌謡曲や韓国のアリラン、ハワイアンなども取り入れ、バラエティーに富んでいる。男性ダンサー陣も粒ぞろいのかわいい子ばかりで、キレのいいダンスでショーに彩りを添えている。

ミラーボールが回る会場は、定員200人ほどでこじんまりしている。半円形のステージを囲むように椅子がぎっしり並んでいて、キャバレーというより小劇場のような雰囲気。少々窮屈だがステージとの距離が短く、花道やステージは手の届く距離。最前列に陣取ると出演者のへそピアスまでがくっきり見える。ショーが終わると、出演者との記念撮影会。チップをはずんで、お気に入りの人とカメラにおさまろう。

ショーは毎晩2ステージ。ドリンクのみで食事はできない。アジアホテルには手ごろなレストランが何軒かあり、近くにはオレオレ（P.38）などのレストランもあるので、食事をしてからゆっくり楽しみたい。

DATA

営業：20:15～　21:45～（毎晩2ステージ）
無休
予算：700B　ワンドリンク付き
行き方：BTSラーチャテウィー駅から徒歩1分。アジアホテル1階奥
電話：261-6355
住所：Asia Hotel, Phaya Thai Rd

キャバレーショー

マンボ　Mambo

MAP3 C-2

お笑いも満載。大ステージで見るオカマショー

　カリプソと双璧をなすキャバレーショー。劇場なので客席数は多いが、バスで乗りつける団体観光客を中心に毎晩大盛況だ。

　タイダンスや日本の歌謡曲などを取り入れたステージは、カリプソと似たような内容。しかし客席と舞台との距離があるためやや臨場感に欠け、男性ダンサーも添えもの程度。できれば早めに予約をして、前のほうの席を取りたい。巨漢のオカマ（？）が迫力。劇場なので、大がかりなフィナーレは盛り上がる。最後に記念撮影会あり。

DATA

営業：20:30～　22:00～（2ステージ）　無休
予算：600B、800B　ワンドリンク付き
行き方：BTSプロムポン駅から徒歩6分
電話：259-5123
住所：496/2 Sukhumvit Rd

格安チケットを手に入れるには

　カリプソ、マンボともに予約なしで直接劇場に行ってもよいが、後方の席になることが多く、正価なので料金も高い。安くあげたい、いい席で見たいという場合は、事前に旅行代理店でチケットを購入するといい。ウェンディーツアー、パンダバスなど日系の旅行代理店でも、カリプソ300バーツ、マンボ300バーツ／360バーツ（座席による）と半額以下で購入できる。いずれも日本語での予約が可能。

◆パンダバス（パンダトラベル）　TEL633-3356
　　営：8:30～18:30　マンダリンホテル内（地図4 A-1）
◆ウェンディーツアー（S.M.I TRAVEL Co. LTD）　TEL216-2201
　　営：8:30～18:30　サイアムモーターズビル13階（地図2 B-2）

ナイトライフ

ディスコ

シーロム通りソイ4とその周辺のディスコ　MAP4 CC-2

深夜0時過ぎが本番。週末に出かけたい

　バンコクのナイトスポットが一カ所にぎゅっと凝縮されている場所といえば、やはりシーロムのパッポン通り周辺。昼間は通称「バンコクの銀座」と呼ばれるオフィス街の一角にあるが、夜になると趣が一変してゴーゴーバーや露店で埋め尽くされる。露店はシーロムの歩道にまであふれ、パッポンと平行して通るタニヤを越し、ソイ4、ソイ2あたりまでつながっており、歩道は深夜遅くまで外国人観光客でごった返している。

　その中で、ディスコやクラブといえばソイ4。短い行き止まりの小道には店が所狭しと建ち並んでいる。とはいえ、すでにバブル期の隆盛はなく、ぽつりぽつりと閉まった店も見受けられるが、それでも週末にはたくさんの人々が集まってくる。

　ソイ4はナイトスポットであると同時に、ソイ2と並んで有名なゲイスポットでもある。タイはなぜかゲイの人たちが多く、タイ男性の4、5人に1人はゲイという俗説もあるほど。毎年11月開催が恒例となっているゲイ・フェスティバルでは、このソイ4近くを出発点に、華麗な衣装に身を包んだゲイやニューハーフ達が山車に乗ってパレードが行われ、世界各国からも同志がこぞって参加している。ディスコの客もゲイが多いものの、女性だから入場できないということはなく、むしろ変な男に声をかけられずにすむのでかえって安心。逆に男性のほうが注意したほうがいいかもしれない。

　この辺りのディスコは深夜0時を回らないと人が集まってこないので、日本の感覚で夜の20時、21時に行っても店自体が開いていない。そろそろ開店となる夜22時を過ぎても店内には客はほとんどおらず、店員も「とりあえず中を見ていったら」という感じ。常連客のパターンとしては、週末の夜22時、23時にシーロムで誰かと待ち合わせをし、まずはディスコ近くのレストラン・バーで夜食をとるか、軽く一杯引っかけながらおしゃべりする。そして

0時を回ってからようやくディスコへ繰り出し、早朝3時頃まで踊り明かすというもの。この時間帯になると、近くのゴーゴーバーで働くお兄さん、お姉さん達も一仕事終えて合流するので、人気がある店はあっという間に人が集まって、店内はまさに芋を洗うような状態となる。

ソイ4で一番人気なのは「スピード」。ここには日本人の人気DJ・ダイシロウさんが夜10時半過ぎに現れるので、彼にこの辺りの最新情報を聞いてみるのもいい。「OMトランスクラブ」は、文字通りトランス系音楽を流す。入場料は100バーツでワンドリンク付き。少し早めに来たときは、ディスコの店先に出された椅子に座ってビールを飲むこともできるが、「バルコニー」や「テレフォン」、「スフィンクス」などのパブレストランがあるので、そこで夜がふけるのを待ってもいい。

ソイ2はさらにゲイ・パワーあふれる小道で、道の入口で女性ならまず固まってしまう雰囲気。ここにある人気の「DJステーション」では、ニューハーフ・ショーも楽しめる。200バーツで2ドリンク付き。

パッポン通りにある「ルシファー」は、名前の通りスタッフ全員が悪魔の着ぐるみを身につけており、細長い階段を上って入る店内は、なかなか凝った内装。場所柄か外国人観光客が多いので、平日ならここがおすすめ。ビール120バーツ。料金は安いので、ハシゴして自分の気に入った店を探してみよう。

ナイトスポットは、システムや店自体がよく変わるので、この情報は大まかな目安としてほしい。荷物は預かってもらえるが、貴重品だけは絶対に身につけていること。そして、はめを外し過ぎず、自分の身は自分で守る心構えで出かけてほしい。

DATA

営業：22:00〜3:00
定休：月、火休みのところもあり。
週末の金、土がおすすめ
予算：120〜200B
行き方：BTSサラデーン駅から徒歩5分
電話：266-4567（ルシファー）

ライブハウス

スパッソ　Spasso

イタリアンレストランがライブスポットに変身する店

　ここはグランドハイアット・エラワンホテル内の高級イタリアンレストランだが、夜10時以降はアメリカやカナダから来た一流バンドが入り、おしゃれなエンターテイメントの場と化す。バーとしても、ライブハウスとしても機能し、また店の中央に用意されたダンススペースで踊ることもできる。週末になると、タイの裕福層の若者や西洋人、外国人観光客などでフロアはあふれかえる。洗練された店内の雰囲気と、バンコク1と言われるライブミュージックが人気の秘密。

　昼間はメイン料理が毎日変わるイタリアンビュッフェ（480バーツ）、夜は毎週新しいメニューを加え、人気の品のみを残しているそうで、選び抜かれた本格イタリアンが楽しめる。クリスピー・ソフトシェルクラブ（270バーツ）、サーモンステーキ（540バーツ）など、おすすめメニューには印がついている。世界各国のワインは1450バーツから。カクテルは300バーツ前後と少々高めの設定で、ストロベリー・フローズン（240バーツ）が人気。ラストオーダー後も、ピザなど軽食なら注文できる。金、土は入場料500バーツで2ドリンク制、日曜日は生演奏はお休みとなる。

　カクテルのほかに気分を盛り上げてくれるのが、世界中で愛飲されている質の良いキューバ葉巻。保存状態よく25種類も用意されているので、一度試してみては。

DATA

営業：12:00～14:30、18:30～2:00（ラストオーダー22:30）　無休（ライブは日曜日なし）
行き方：BTSプルンチット駅から徒歩4分
住所：Grand Hyatt Erawan, Lower Lobby, 494 Rajadamri Rd
電話：254-1234 Ext. 3058
予算：500B～　予約：不要

ライブハウス

メタルゾーン　Metal Zone

MAP2 E-3

外観からしてメタルな熱いライブスポット

　ヘビーメタルやハードロックで燃えたい夜にピッタリなのが、このメタルゾーン。ランスアン通りのルンピニー公園近くにある建物の外観がすごい迫力で、ひと目でここがメタル野郎の集まる場所とわかるほどに異彩を放っている。3、4年ほど前にできたばかりだが、以前から違う場所にあった老舗で、地元の夜遊び人間たちの間ではかなり知られた存在。凝った外観と内装、豪華な音響設備には大金が投じられており、ヘビメタ好きの超リッチなオーナーの趣味で経営されているのではないかと思われる。

　バンコクのナイトスポットは夜10時以降、深夜0時を回ってからが本番という所も少なくなく、この店も平日は夜10時半からがライブアワーとなっている（1バンドのみ）。ただし、週末の金・土曜日は9時からライブが始まり、しかも3組のバンドが交代で出演し、夜が深まるほどにボルテージと熱気は高まっていく。タイでは有名アーティストのコピーバンドが主流で、ここも同じだが、バンドのレベルはかなり高く、彼らの情熱と魂を間近でキャッチできる。

　ヘビメタなんて古くさいという時代の流れに逆らい、長髪に黒い皮パンツ、汗と筋肉を踊らせて演奏するバンドマンたちからは、自分の愛する世界を具現化する素晴らしさを教えてもらえる。飲み物は150〜200バーツ程度でチャージはなく、お手頃。バンコクの良いみやげ話にもなる。

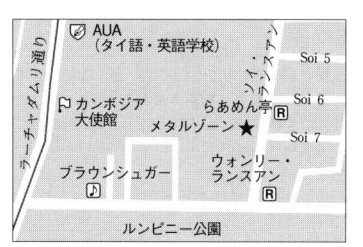

ナイトライフ

DATA

営業：日〜木20:30〜0:30、金土〜2:00　無休
行き方：BTSプルンチット駅からタクシーもしくは徒歩15分
住所：Ploenchit Rd, Soi Lngsuan Between Soi 6-7
電話：250-1443　予約：不要
予算：200〜400B

🍸 バー

バンブー・バー　Bamboo Bar

MAP6 A-2

バンコクで究極のバーと言えばやっぱりここ

　オリエンタルホテル内にある一流バー。ホテルのドアをくぐると、入口のすぐ脇で四重奏団が静かなクラシックを演奏しており、ここでいきなり別世界へとワープ。右手奥へ進んでいくと、チャオプラヤー川が一望できるテラスへつながる通路があり、ここにレストランやバーが並んでいる。夕刻、テラスにあるテーブルで、沈みゆく太陽を眺めながらグラスを傾けるのも一興だが、夜が深まってから音楽と酒を楽しみたいのなら、このバンブー・バーがおすすめ。さすがに雰囲気、サービスともに抜群で、その名の通りドアノブやインテリアに竹の木を使っており、窓には葦簀（よしず）がかかって温かさも演出している。座り心地の良いソファも木製テーブルも一流の調度品。フロア中央にピアノと音響設備が用意されている。

　店は昼間からずっと開いているが、テーブルが埋まり始めるのは夜21時を回ってから。22時からは、主に欧米から招いた一流アーティストによる正統派ジャズがライブで楽しめる。週末は観光客に加え、地元タイ人や在タイ外国人たちでにぎわう。飲み物は1杯300バーツほどで、ホテル名のオリエンタルと名付けられた、各種オリジナルカクテルがおすすめ。

　この店へ出かけるときは、バッチリおしゃれをしてからにしよう。薄汚れた格好でいると、ホテルの入口で追い返されることも実際にある。客側のマナーとしても、清潔な服装を心がけたい。

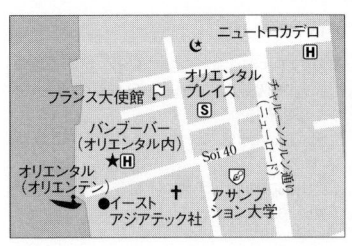

DATA

営業：日～木11:00～1:00、～金土2:00　無休
行き方：タクシー利用が便利
住所：The Oriental Bangkok, 48 Soi 40, Charoen Krung Rd
電話：659-9000
予算：300B　予約：不要

サントス Santos

日本人経営の、洋食もおいしいバー&レストラン

　女性にも安心しておすすめできる、とても雰囲気の良いお店。店内を流れる音楽はジャズ、R&B、ブルースなどで、ボリュームが控えめなので落ち着いて食事やカクテルが楽しめる。在タイ10年になるオーナーの山口氏は、以前日本のラジオ番組を持っていたこともある方で、お客さんの耳に心地よい音楽が選ばれている。

　用意されたカクテルは200種類以上。キリッとクールなものから、タイの南国フルーツをベースにしたものまでいろいろあり、値段は100バーツ台が中心。おすすめは、バナナにラムという意外な組み合わせのバナナコラータで、一度飲んだらやみつきになる味。

　ここは食事も良い。客のリクエストに応えて、カレーやスパゲティ、コロッケといった、日本の洋食のスタンダードメニューがランチタイムから用意され、値段も100〜300バーツとお手頃。11時から15時までの間は、プラス20バーツでコーヒーもしくは紅茶が付いてお得。人気は、オーナー自ら厳選した肉を使ったビーフステーキと、タイ料理と合わせたスパイシーなパット・キーマオ・スパゲティ。夜はこれにバラエティ豊かなタイ料理メニューも加わり、パパイヤのサラダ、ソムタムが大人気。周辺は繁華街でナイトスポットもたくさんあるので、ディスコの行き帰りに立ち寄るのにちょうど良い。夜はオーナーとの会話を楽しみにする客も多い。

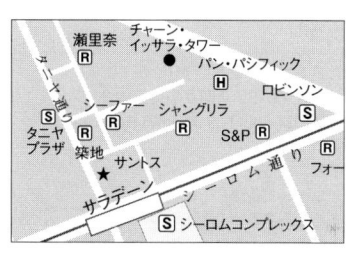

DATA

営業：11:00〜02:00　日曜18:00〜2:00　無休
行き方：BTSサラデーン駅から徒歩1分
住所：62/5-6 Soi Thaniya, Silom Rd
電話：234-1367
予算：300B　バナナコラータ130B　ソムタム70B
メニュー：日本語、英語　予約：不要

🍸 バー

Qバー　Q Bar

MAP3
A-1

ベトナムで一世を風靡したハイソなバー

　ベトナムで絶大な人気を博し、ニューズウィーク誌で世界のベストバーに選ばれたこともあったという、おしゃれなニューヨークスタイルのバー。数年前にバンコクに移転して以来、どこからともなく集まってくる夜遊び大好き人間たちが、連夜店の外にまであふれ出るほどの人気だった。現在の客足はほどほどに落ち着いたが、週末はやはり混み合い、タイの有名人にもしばしばお目にかかれる。日本ではめったにないことだが、バンコクは東京に比べて狭く、ハイソな人たちが行く場所も限定されているためか、高級レストランやバー、一流ショッピングセンターなどで、オフタイムを楽しむ芸能人などに遭遇する可能性が結構高いのだ。客の年齢層はやや高めで、西洋人の姿もよく目につく。

　闇の中で光る、Q BARと書かれたブルーのネオンが素敵で、すぐに場所はわかる。バーといっても落ち着いて飲む場というよりもクラブに近いノリで、店内はかなりの大音響。とはいえ、音楽のセンスも内装も良く、日本人の感性にも充分に合う。週末には必ず人気DJがつき、フロアは楽しげに踊る人たちでいっぱいになる。2階には狭いがテラスがついており、夜風にあたって酔いを覚ますこともできる。

　入場料はなく、飲み物はビール120バーツ、カクテル類も100バーツ代を中心に豊富にそろっている。おしゃれをして出かけよう。

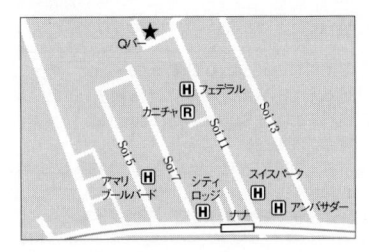

DATA

営業：20:00〜2:00　無休
行き方：BTSナナ駅から徒歩10分
住所：34 Soi 11, Sukhumvit Rd
電話：252-3274
予算：200B
メニュー：英語
予約：不要

Entertainment & Leisure
エンターテイメント
＆レジャー

ショーレストラン
タイダンス
リケー
現代劇
劇場
ムエタイ
占い
競馬
スポーツ
映画

♪ ショーレストラン

サラタイ　Sala Thai

MAP2 D-1

お座敷でゆったりとタイダンスを鑑賞

　プラトゥーナムのインドラリージェント・ホテル内にある、タイダンス・ショーを楽しめるレストラン。サラタイとは、タイのあずま屋という意味で、プールサイドにあるタイの伝統的な建物の中でショーを見物できる。

　まずは、タイカレーやトムヤムクンなどのスープ、おかずが数種類付いたディナーセットをいただき、デザートが供される頃にショーが始まる。料理は初心者向きで、タイ料理を食べ慣れている人には少々物足りない味付けかもしれない。ショータイムは1時間弱で、レストラン中央に設けられたステージ上で、6種類のタイダンスを披露してくれる。プログラムは4種類あり、日によって出し物が変わる。最初に生演奏するタイの民族楽器の紹介がなされ、ダンスの途中には手持ちのナプキンで蓮の花を折る方法なども教えてくれる。最後はお客さんもダンスに参加してショーがお開きとなる。各ダンスの説明は基本的に英語でなされるが、日本人客が多い日は、日本人によるナレーションもつく。

　この店の良いところは、様々なタイの民族衣装を身につけたダンサーたちを、心ゆくまで写真に収められる点。各ダンスが終わった時点で、ダンサーたちがポーズをとってくれる。リクエストすれば、いっしょに写真を撮ることもOKだ。彼らはチュラロンコーン大学の学生たちが中心で、見事な踊りを披露してくれる。

DATA

営業：ディナータイム19:00〜、ショータイム20:30〜　無休
予算：ディナーセット650B
行き方：ワールドトレードセンターより徒歩5分
住所：Indra regent Hotel 4F, 120/126 Rajaprarob Rd
電話：208-0022 Ext.214　予約：要

ショーレストラン

タプティム・サイアム Tubtim Siam

MAP1 F-2

おいしい料理に舌鼓を打ちつつ、タイダンスが見られる店

　タイダンスショーが見られる店の料理は今ひとつ、というのが定説であるが、このレストランはタイ人が「これこそが本物の味」と太鼓判を押すほどの料理が多種類そろっている。それもそのはず、この道70年、一流料理学校で長年教師を務め、プレム元首相に供する料理も担当した経験をもつ、チットラポーン先生がアドバイザーについているのだ。

　先生自らすすめてくれたのは、バナナの花のサラダ、ヤム・フアプリー、美しく彫刻された野菜に、エビをたっぷり入れたソースをつけて食べるナムプリック・クンソット、エビのミンチを薄焼き卵でくるんだカノムブアン・カイ、ハーブやフレッシュチリで香りづけした揚げ魚プラーカポン・パッチャー。「料理は芸術であり、伝統的な味を守り抜いています」とのこと。セットメニュー（550、600バーツの2種）からも選べ、こちらは日本語つき。1、2カ月ごとに変わるプロモーションメニューも好評。

　ホテル最上階から眺める夜景は絶品。店内は映画「王様と私」に登場するチュラロンコーン王子で有名な、ラーマ5世時代の王宮をイメージしてデザインされており、カップルにもおすすめなロマンティックな雰囲気がいっぱい。この中でショーを楽しんでいると、タイの王族にでもなった気分になってくる。

DATA

営業：11:30〜14:30、18:00〜22:30　ショータイム20:00〜21:00　無休
行き方：タクシーを利用。ラーマ9世病院隣
住所：24th Fl., Radisson Hotel Bangkok, 92 Soi Saengcham Rama 9 Rd
電話：641-4777　予約：要
予算：1000B〜　ヤム・フアプリー110B

🎵 タイダンス

エラワン・プーム　Erawan Phum

MAP2 D-2

人気の祠でタイダンスを無料鑑賞

　バンコクの街角でよく見かけるのが、「プーム」という祠（ほこら）。中でも有名なのが、そごうデパートの隣にあるエラワン・プームだ。

　ヒンドゥー教の神、ブラフマーが祀られるこの祠は、恋愛や仕事、家庭など、あらゆる方面の願いごとをかなえる力があるという。タイ人には絶大な人気を誇り、通行人のみならず車やバスの運転手も、前を通ると運転そっちのけで手を合わせるほど。朝早くからお線香の煙が漂い、ろうそくや花を供えるお参り客が絶えることがない。

　このエラワン・プームは、観光客にとっては無料でタイダンスが観られる嬉しい場所でもある。この踊りはめでたく願いごとが成就した人が、お金を払って踊ってもらっているもの。何しろ人気の祠なので、踊りはひっきりなしに奉納されている。買い物途中に立ち寄れば、昼間なら見られる確率は非常に高い。

　ちなみにダンスを奉納するための料金は踊り子の人数によって異なり、2人で260バーツ、4人で360バーツ、8人で710バーツ。踊りはムリでも、花輪やお線香、ココナッツくらいなら、気軽にお供えできる。

DATA

行き方：BTSチットロム駅より徒歩4分。そごうのある交差点の角

タイダンス／リケー

🎵 リケー

ラックムアン（国礎柱）　Lak Muang

MAP5 B-3

バンコクの礎で即興オペラ「リケー」を楽しむ

　タイでは新しい町を築く際、まず町の礎となる柱を建て、町の発展を願うという。ラックムアンは、ラーマ1世がバンコクに遷都した際、柱を建てた場所。毎日大勢の参拝客が訪れ、柱に布を巻き、供え物をして祈りを捧げている。

　敷地の片隅にある小さな舞台では、「リケー」が毎日上演されている。リケーとはマレーシアから伝わったという舞踏劇。独特の衣装を身につけた出演者が、即興で作詞して歌う即興歌劇である。といっても堅苦しい古典芸能とは違い、健康ランドの余興のような感じ。子どもが舞台を走り回ったり、観客が舞台の袖に腰掛けたりするほのぼのムードの中、お弁当をつつきながら無料で鑑賞できる。

　柱の前で皆がシャカシャカやっているのはおみくじ。長い棒が入った筒を振り、最初に出てきた棒に書かれた数字のおみくじを読む。おみくじは中国語でも書かれているので、じっくり見れば多少は内容の想像がつくだろう。ワット・プラケオのような荘厳な雰囲気はまったくないが、いろいろな楽しみのつまった場所だ。

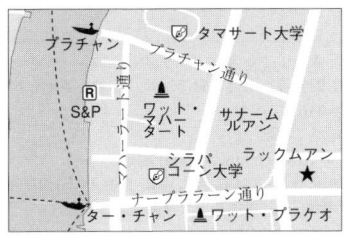

DATA

行き方：ワット・プラケオから徒歩10分。トゥクトゥクでの移動が楽

エンターテイメント＆レジャー

♪ 現代劇

パトラワディ・シアター　Patravadi Theater

MAP5 A-3

オープンシアターで観る、タイの前衛パフォーマンス

　タイダンスやコーン（仮面劇）といった古典芸能もいいけれど、もっと現代的なタイのアートシーンを目撃したいなら、足を運んでみたいのがここ。パトラワディ・シアターはタイにおける現代演劇のパイオニア的存在で、これまでにも数々の話題作が上演されてきた。パトラワディ・シアターを主宰するのは、女優であり脚本家、プロデューサーとしても活躍するパトラワディ女史。長きにわたりタイの現代演劇界をリードしてきた人物だ。

　上演される作品は、文学や民話といったタイの豊かな伝統に、現代的なアレンジをしたものが主。ダンスや歌、芝居を巧みに組み合わせた前衛的パフォーマンスに、ときにインドネシアなど各国の伝統をもスパイスに加え、独特の世界を作り出している。

　広い敷地にはオープンシアターのほかにオープンレストランやカフェ、芝居に使う衣装や小道具が展示されている博物館などが点在している。緑が多く、雰囲気のあるセッティング。少し早めに出かけて、芝居が始まる前に簡単な食事やお茶も楽しみたい。

　公演は金、土、日曜の夜19時から（入場は10分前）。シーズンごとのプログラムも用意してあるが、上演中の公演についてはホームページでも参照できる。

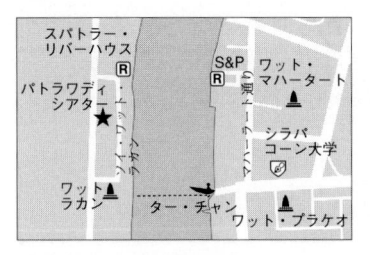

DATA

行き方：ワット・プラケオ近くのター・チャン船着場から渡し船で対岸へ。船着場から徒歩3分
電話：412-7287
HP：www.patravaditheatre.com
＊チケットは直接劇場にて購入（9:00～17:00）。200～500B（座席による）

現代劇／劇場

🎵 劇場

国立劇場　National Theater
MAP5 A-2

タイの古典芸能を定期的に上演

　定期的にコーンやラコーン（舞踏劇）を上演していて、格安で鑑賞できる。公演はほとんどが昼間で、コーンは隔週土日の上演が多い。公演回数は多くないので、スケジュールは劇場に電話で問い合わせるか、バンコクポストや日本語情報誌でチェック。劇場に行けば月間のスケジュール表が手に入る（TATには資料がないことが多い）。チケットは直接劇場の窓口で購入。クラシックのコンサートや歌謡ショーなども開催している。

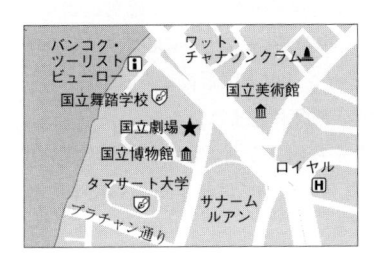

DATA

電話：224-1342
住所：Chao Fa Rd　国立博物館の隣
料金：演目により異なる

タイカルチャーセンター　Thailand Cultural Center
MAP1 F-1

ミュージカルからコンサートまで話題作が目白押し

　クラシックやポップスのコンサート、ミュージカル、演劇、タイダンスなどを幅広く開催。常に何かしらやっているので、コンサートや芝居に出かけるのが好きな人は、まずこの劇場をチェック。公演スケジュールは現地の日本語情報誌やバンコクポストなどに掲載されている。

　場所はアソーク通り、ラチャダーピセーク通りを北上し、ジャスコの手前を右折したところ。バンコク中心部からはアクセスが悪いのが難。

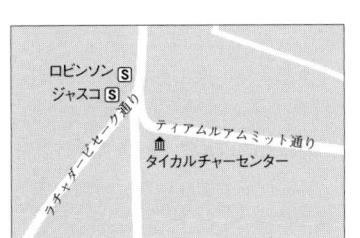

DATA

電話：247-0028　住所：Tiem Ruammit Rd
行き方：マーブンクローン、ワールドトレードセンター方面からは73番バスなどがラチャダーピセーク通りのジャスコ前を通る

🎵 ムエタイ

　世界最強と言われる格闘技であり、タイの国技でもあるムエタイ。ハングリーな若者たちがサクセスストーリーを実現させ、数々のスター選手を生み出してきたタイでは人気のスポーツだ。

　ムエタイのルーツはアユタヤ朝時代、時のナレースアン王が、宿敵ビルマの兵士をボコボコにしたという独自の格闘技にある。その後戦闘の際の格闘技として定められ、長い歴史を経て現在のようなスポーツとして確立した。

　試合は1ラウンド3分の5ラウンド制。1回の興行につき、約8試合が行われる。最初はまだ無名の選手が出場し、メインの試合（最後から2試合目）が近づくにつれ、スタジアムは観客の歓声と熱気に包まれてゆく。

　試合はまず「ワイクルー」という踊りから始まる。リングサイド席の片隅には演奏者の席があり、ワイクルーと試合の最中には絶え間なくBGMを奏で、ムエタイの神聖な雰囲気を盛り上げる。

　スタジアムの2、3階席で青すじをたてて熱い声援を送っている人々は、ただのムエタイ好きのおじさんではない。試合の結果を賭けた博打を行っている人たちだ。博打はスタジアム内では公然と行われていて、彼らの陣取る席では試合が終わるごとにお札が飛び交っている。もちろん外国人も参加できる。

●チケット購入

　チケットはスタジアムのチケット窓口で直接購入できる。旅行代理店でもリングサイド席なら購入できるが、多少高め。スタジアムの周辺にはチケット売りが徘徊していて、外国人を見ると声をかけてくる。彼らからチケットを買うと、リングサイド席なら多少割引きになることもある。

　入場料の高さからムエタイ観戦を躊躇している人は、まず一番安い席で、試合の途中からでものぞいてみるのがおすすめ。安い席でも特別ガラが悪いということはなく、みな博打に夢中なのでちょっかいを出されることもない。

　試合は約3時間にわたって行われるが、よほどのムエタイ好きでなければ途中入場して1時間半くらい見れば十分。席は指定ではないが、特別な興行でなければ座れないことはない。

●ムエタイのスタジアム

バンコクの有名なムエタイスタジアムは、ルンピニー・スタジアムとラーチャダムヌーン・スタジアム。毎晩どちらかで試合が行われている。

座席はリングサイド、2階席、3階席があり、リングサイドを陣取るのはほとんどが外国人観光客。入口でその日の試合のプログラムが渡される。

両スタジアムとも、並びにムエタイグッズを売る店があり、試合のある日は夜遅くまで営業している。グローブやムエタイパンツ、ムエタイTシャツ、グローブをデザインしたキーホルダーのほか、ワイクルーの音楽テープなど、けっこうマニアックな商品も売っている。

ルンピニー・スタジアム　Lumpini Stadium　MAP1 D-3

トタン屋根に哀愁が漂う、エアコンのないスタジアム。バンコク中心部に泊まっている人は、こちらのほうが便利。

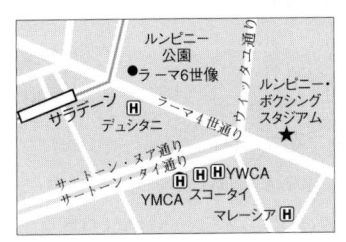

DATA
試合：火・金18:00〜　土17:00〜、20:30〜
料金：リングサイド1000B　2階480B　3階220B　※興行により異なる
住所：Rama IV Rd　電話：251-4303
行き方：バスでスタジアム前下車。BTSサラデーン駅からはかなり距離があるのでタクシーやトゥクトゥクが便利

ラーチャダムヌーン・スタジアム　Ratchadamnoen Stadium　MAP5 C-2

ルンピニーより歴史と権威のあるスタジアム。エアコンあり。TATオフィス（タイ政府観光庁）の並びにあり、カオサン方面から近い。

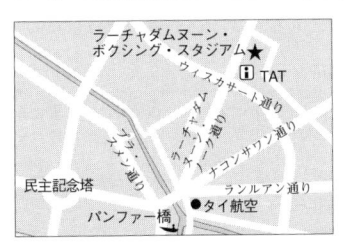

DATA
試合：月・水・木・日18:30〜
料金：リングサイド1000B　2階440B　3階220B　※興行により異なる
住所：Rachadamnoen Nok Avenue
電話：281-4205
行き方：ラーチャダムヌーン・ノーク通り沿い。カオサン方面からは3番バスなどで

♪ 占い

タイでは人々の間で占いが広く行われていて、人の集まるところにはたいてい占いコーナーが設けられている。

タイ占星術に手相占い、タロット占い、人相占い…と、占いの種類もいろいろ。占いコーナーには特定の占いを専門とする複数の占い師が常駐しているので、好きなものが試せる。タイ語しか話さない占い師が多いのでタイ語ができないと選択の幅は狭まるが、外国人がよく来る場所ならひとりふたりは英語のできる占い師がいる。

異国での占い体験というのはなかなか神秘的なもの。人生を左右する大問題を、タイ人占い師に占ってもらうというのもまた趣深い。なおタイ占星術による占いには、生年月日に加えて生まれた曜日、時間が必要になる。

モンティエンホテル　Montien Hotel

MAP4 C-1

エレガントな雰囲気が嬉しい人気の占いコーナー

スリウォン通り沿いにあるモンティエンホテルの2階にある占いコーナー。館内は広々としていて静かなので、占い師とおでこをつきあわせて真剣な相談をしたい人にぴったり。英語のできる占い師も常時1〜2名いる。受け付けで「英語のできる人」と言えばいい。ぜひこの先生、という人がいれば、予約を入れることも可。料金は高いが、旅行者にも利用しやすい。

また高級デパート、ペニンシュラ・プラザにある「フォーチューン・バルコニー」も場所と環境がいい (500B)。ただし常駐する占い師の数は少なめ。

DATA

営業：11:00〜19:00頃。占い師により異なる
行き方：BTSサラデーン駅から徒歩10分。モンティエンホテル2階
見料：500B

占い

ワット・ポー　Wat Po

MAP5 A-5

有名寺院の境内にあるオープンエアーの占いコーナー

　有名観光地ワット・ポー内にある。外国人観光客がよく来る場所なので、英語のできる占い師が常にスタンバイ。手相占いや占星術などの占い師がいる。ワット・ポーにはかつて占星術の学校もあったので、よく当たる？

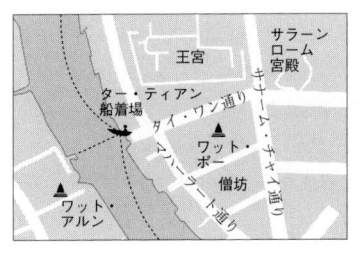

DATA

見料：500B
営業：8:30〜17:00　無休（ワット・ポーの開館時間）
※ワット・ポー入場料20Bが必要
行き方：1、53、57、103番、エアコン8番などのバスで。チャオプラヤー・エクスプレスのター・ティアン船着場から徒歩4分

ター・プラチャン　Ta Phra Chan

MAP5 A-3

バンコク庶民御用達。船着場にある占いの殿堂

　タマサート大学の近くの船着場、ター・プラチャンの周辺では、なぜか占い師が大勢営業している。占い市場のようなローカルな雰囲気で、あらゆる種類の占いが体験できる。ただしほとんどはタイ語のみ。

　英語のできる占い師もいることはいるので、英語の看板をかけているところを探してみよう。昼過ぎから来ることが多いらしいので、タイミングが良ければ巡り合える。ほかに比べると料金も格安なので、気軽に試せる。料金は事前に確認のこと。

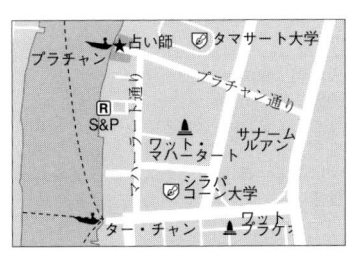

DATA

見料：200B〜
営業：占い師により異なるが、11:00〜18:00頃がにぎやか
行き方：チャオプラヤー・エクスプレスのター・チャン船着場から徒歩8分

🎵 競馬

ロイヤルバンコクスポーツクラブ　Royal Bangkok Sport Club

MAP2
C-3

バンコクでも競馬が忘れられないあなたに

　競馬ファンなら、どこへ行ってもまず訪れたいのが競馬場。バンコクにはBTSラーチャダムリ駅近くのロイヤルバンコクスポーツクラブと、ウィマンメーク宮殿近くのロイヤルターフクラブの2つの競馬場があり、レースはこの2ヵ所で、日曜日に交代で開催される。

　レースは昼の12時頃に始まって10レースほどが行われ、18時頃に終了。競馬場の入口付近はレースプログラム売りや双眼鏡のレンタル屋、食べ物屋台で大にぎわい。レースプログラムはタイ語版（25バーツ）のほかに、英語版（100バーツも）ある。好きなほうを購入したら、入場料を払っていざ場内へ。

　シンガポールあたりの立派な競馬場とは異なり、場内にはひどく場末の雰囲気が漂っている。しかしその名に「ロイヤル」と付くくらいで、ノースリーブ、短パンといったあまりにもラフな格好では入場できない。

　場内にはレース状況やオッズが分かるモニターがところどころに置かれている。もちろん日本のような立派なターフビジョンなどはなし。馬券はWIN（単勝）、PLACE（複勝）の2種類で、50バーツから購入可能。発売も払い戻しも同じ窓口で行っている。出走したら、タイ人といっしょに、馬名（らしきもの）を大合唱して応援しよう。

　ロイヤルバンコクスポーツクラブは、普段は会員制のゴルフ場兼スポーツクラブ。しかしレース当日もゴルフ場として使用されていて、出走直前のゲートの横を、プレー中のゴルファーがふらふら歩いている。

　レースを開催しているかどうかは、BTSラーチャダムリ駅のホームからよく見える。ただし入口はアンリ・デュナン通り側。

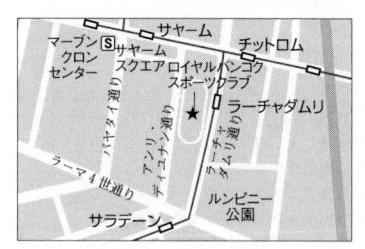

DATA

入場料：50B、100B
開催：隔週日曜
行き方：BTSラーチャダムリ駅からよく見えるが、入口はアンリ・デュナン通り側にある。BTSサイアム駅から徒歩10分程度

♪ スポーツ

ルンピニー公園　Suan Lumphini

MAP4
E-1

太極拳からエアロビまで楽しめる、バンコク市民の憩いの場

バンコク最大の公園。排気ガスまみれのバンコクで、のんびりした時間を過ごせる数少ないオアシスだ。

ルンピニー公園を訪れるなら、早朝か夕方がベスト。特に朝はすがすがしく、7時前から中国系のグループが太極拳に励み、ジョギングやウォーキングで汗を流す人が集まってくる。外の通りには朝食用の屋台が出て、ちまきやコーヒーなどを売っている。

公園には緑の芝生が敷かれ、園の中央にある人工湖ではボートも借りられる。トイレや冷たい飲み物を売るスタンドもあり、週末には特設ステージでイベントが開催されることもある。昼間はセパタクローをするグループ、ゴルフの素振りをする人、ローラーブレードで走り回る若者、芝生の上に敷物を敷いてくつろぐ家族連れと、みな思い思いに過ごしていて、タイ人ウォッチングが楽しい。

夕方17時ごろに始まるのが、屋外エアロビ教室。時間になると何百人という人が集まってきて、インストラクターが朝礼台の上に現れると、音楽に合わせていっせいに踊り出す。みなTシャツと短パンという出で立ちで、誰でも気軽に参加できる。無料でエアロビを楽しんだら、ラーチャダムリ通り沿いの屋台へ。タイ人の大学生やサラリーマンのグループと一緒に、イサーン鍋をつつこう。

DATA

行き方：BTSサラデーン駅より徒歩6分。ラーチャダムリ通りを通るバスに乗り、ルンピニー公園沿いで下りるほうが便利

♪ 映画

バンコクでは最新設備の映画館が、大型ショッピングセンター内に続々とオープンしている。どこも日本の映画館よりはるかに快適かつ機能的にできていて、ハリウッドの最新作が日本より早く封切りされることもある。

座席は全席指定。チケット売り場には空席状況をリアルタイムで確認できるモニターがあって、好きな席が選べる。映画館によってはフカフカでゆったりした豪華チェアーや、カップルで利用できる特別席もある。

日本語字幕はもちろんないが、料金は最新作でもたったの100～120バーツ。日本の数分の一以下なのだから、お茶を飲む感覚で観に行ける。

映画の上映前には国王のイメージビデオがスクリーンに流れるので、全員起立する。上映スケジュールは、どこのホテルにも置いてある英字新聞『バンコクポスト』などに載っている。館内はエアコンがきいているので、羽織るものを持っていくと重宝する。

メジャー・シネプレックス　Majour Cineplex

MAP2 D-2

ワールドトレードセンター7階。同じフロアに6つの映画館がある巨大シネマコンプレックス。ハネムーンシート、2人掛けのオペラチェアーといった特別シートもある。内臓に響く最新の音響設備と、前方にどんなに頭の大きな人が座っても気にならない十分な傾斜がある。

初回上映は昼の12時前後、最終上映は20～21時頃。同じフロアには日本食レストランのFuji、タイスキのM.K.、1コ50～60バーツでずっしり重量感のあるケーキがおいしいチーズケーキファクトリーなどがある。金色に輝くゴールデンボールがウリのボウリング場「メジャーボウル」も。

S.F. シネマシティ　S.F. Cinema City

MAP2 B-2

マーブンクローンセンター7階。特別料金の豪華席「ルナシート」は、見本が映画館の前に飾ってある。同じフロアにはM.K.スキやケンタッキー、日本食の富士、焼き肉の大同門などおなじみのチェーンレストランやファストフードが勢揃い。ボウリング場やゲームセンターもある。

Waterfront in Bangkok
水辺の旅

ディナークルーズ
チャオプラヤー川クルーズ
運河ボートトリップ
水上マーケット
アユタヤ・クルーズ

🚢 ディナークルーズ

　チャオプラヤー川を行く船に乗り、川辺の景色を満喫しながら食事を楽しむディナークルーズ。川沿いのホテルや寺院はライトアップされ、昼間とはまた違ったチャオプラヤー川の旅が楽しめる。

●どんなクルーズがある？

　ディナークルーズにはホテルやレストラン、クルーズ会社などが運行するものがあって、最高級のクルーズで1600バーツ程度、一般的なクルーズが1000バーツ前後といったところ。料理の内容もいろいろだが、大別するとあらかじめ決まったコース料理と、ビュッフェスタイルがある。

　ホテルでは、いずれも川沿いにあるオリエンタル、シャングリラ、ロイヤルオーキッドシェラトンなどが運行。庶民的なところでは、ヨックヨー・マリーナ（P.20）のクルーズなどが有名だ。

●クルーズの予約

　予約はクルーズを運行するホテルやレストランに直接する。

　またバンコク市内の旅行代理店や、ホテルのツアーカウンターでも申し込み可能。好きなクルーズを選ぶことはできないが、自分で電話を入れる必要がないので楽だし、クルーズによっては多少割り引きになるものもある。

　豪華クルーズの場合、基本的に予約は必須。ただしよほどのハイシーズンでなければ、当日でもだいたい予約できる。料金はシーズンにより多少変動がある。なお、夕方は渋滞が激しいので、クルーズの出航する船着場まで予想外に時間がかかることもある。できるだけ早く出発しよう。

●あてがなければリバーシティへ

　リバーシティは高級アンティークショップが集まるショッピングセンターだが、川沿いはディナークルーズ、アユタヤへのクルーズ、ロングテイルボートのチャーター、2時間ほどのチャオプラヤー川クルーズ、ホテルやレストランの無料送迎ボートが発着する船着場になっている。

　リバーシティ発のディナークルーズのカウンターもあり、早めに行けば予約なしでもその場で申し込める。出航時間は各社で異なるが、料金はだいたい1000バーツ程度。

ディナークルーズ

パール・オブ・サイアム Pearl of Siam

リバーシティ発のリーズナブルなディナークルーズ

　リバーシティ発で、料金、内容ともにごく一般的なディナークルーズ。船は近代的な白いボートを利用。料理はコース料理か各国料理のビュッフェが選べ、デッキでは音楽の生演奏もある。直接リバーシティのカウンターに行って申し込めばいい。日系の旅行代理店ウェンディーツアーなどでも予約が可能。

　同社はリバーシティ発のアユタヤ・クルーズも取り扱っている。朝8時にリバーシティを出発。バスでアユタヤに向かい船で帰ってくるツアーと、船で出発しバスで帰ってくるツアーがある。

DATA

◇ディナークルーズ
料金：950B（コース料理）1100B（ビュッフェ）
時間：19:30～21:30
◇アユタヤ・クルーズ
料金：1600B　時間：8:00～
Queen Mary Co. Ltd.
電話：292-1649-52

ロイナバ・ディナークルーズ Loy Nava Dinner Cruises

米運搬船を利用したタイムードが魅力

　上記のパール・オブ・サイアムと料金は似たようなものだが、こちらはチークの米運搬船（ライスバージ）を利用し、タイらしさを演出している。料理もタイ料理がメインで、何種類か用意されたセットメニューから好きなものが選べ、タイ各地の料理を味わうことができる。船上ではキムの生演奏もある。クルーズは毎晩18時発と20時発の2回あるので、あまり帰りが遅くなるのは心配だという人には嬉しい時間設定。リバーシティから徒歩3分程度のシープラヤ船着場発（要確認）。一部の旅行代理店でも取り扱っている。

DATA

◇ディナークルーズ
料金：950B（タイ料理のセットメニュー）
時間：18:00～20:00、20:00～22:00
Loy Nava Co. Ltd.
電話：437-4932, 437-7329

水辺の旅

チャオプラヤー川クルーズ

チャオプラヤー・エクスプレス　Chaopraya Express

チャオプラヤー川の大型ボートでお手軽クルーズ体験

　ゆるやかに弧を描き、バンコクを南北に流れるチャオプラヤー川。この大河を運行するのが、「チャオプラヤー・エクスプレス」という大型ボートだ。

　チャオプラヤー・エクスプレスは観光用の船ではなく、バンコク市民の通勤・通学の足。つまり水上バスのようなもので、運行本数が多く運賃も格安。チャオプラヤー川のクルーズを楽しむには、最も安上がりでお手軽だ。

　バンコクはチャオプラヤー川とともに発展した町。ワット・アルンをはじめとする数々の寺院や、オリエンタルホテル、サンタクルズ教会といったバンコクの歴史的建造物は、ボートからもその美しい姿を眺めることができる。またチャイナタウン、パーククローン市場などの歴史あるエリアは、多くがチャオプラヤー川の近くにある。

　BTS（スカイトレイン）でアクセスできる船着場は、BTSサパーンタークシン駅から徒歩1分の「サートン」。ここからチャオプラヤー・エクスプレスボートに乗って、ワット・プラケオ近くのター・チャン、ワット・ポー近くのター・ティアンなどで降り、観光をするのが便利だ。

　少し時間があるなら、北の終点ノンタブリーまで足を伸ばすと、川沿いの景色がのんびり楽しめる。サートンからノンタブリーまでは、片道1時間15分ほどの船旅。ノンタブリーをぶらぶらしたら、同じ船着場から船に乗って帰ってくればいい。ボートの運行は夜19時前には終わってしまうので、時間に余裕をもって帰路につこう。

DATA

運行：6:00～18:30頃（船類により異なる）
　　　15～20分おき
路線：ノンタブリー～ワット・ラーチャシンコン（特急ボートはラートプラナまで）
運賃：7～25B（乗船距離や船類による）
※特急ボートと普通ボートがあり、旗の有無や色で判断する。運賃、運行時間に関する詳細は、船着場に掲示されている

水辺の旅

チャオプラヤー川クルーズ

地図上の表記:

- ノンタブリーへ
- テウェート
- テウェート市場
- ウィスカサット
- ウィマンメーク宮殿
- プラ・ピン・クラオ
- ワット・サンプラヤー
- ワット・ベンチャマボピット
- バンコク・ノーイ運河
- ワット・スワンナラム
- 王室御座船着場
- プラスメン砦
- バンランプー
- トンブリー駅
- バンコク・ノーイ
- 国立美術館
- シリラート病院
- バンランプー市場
- カオサン通り
- ワンラン
- 国立博物館
- スパトラー・リバーハウス R
- タマサート大学
- ワット・マハータート
- 民主記念塔
- ワット・ラカン
- ター・チャン
- ワット・プラケオ王宮
- ワット・サケート
- ター・ティアン
- ワット・アルン
- ワット・ポー
- ウィーチャイプラシット砦
- パーククローン市場
- ワット・カラヤニミット
- ラーチニー
- チャイナタウン
- サパーン・プット（メモリアルブリッジ）
- ヤワラート通り
- サンタクルズ教会
- フアラムポーン駅
- ワット・プラヨーンウォン
- ラーチャウォン
- ワット・トライミット
- バンコク・ヤイ運河
- ワット・トーン・タマチャート
- ワンリーハウス
- ハーバーデパートメント（クロムチャオ）
- 聖ロザリー教会
- ヨックヨー R
- リバーシティ S H
- クローンサン市場
- ロイヤル・オーキッド・シェラトン
- シープラヤ
- ヨックヨー R
- ポルトガル大使館
- ウォンウィアンヤイ駅
- サラリムナーム R
- フランス大使館
- ペニンシュラ H
- オリエンタル H （オリエンテン）
- ペプシタクシー桟橋
- バーンラック市場 H
- イーストアジアテック社
- シャングリ・ラ H
- サートン
- ワット・ラーチャシンコンへ
- サパーン・タークシン
- ワット・ヤンワナー

凡例:
- チャオプラヤー・エクスプレスボート ----
- 渡し船 ―
- エクスプレスボートの船着場 ■

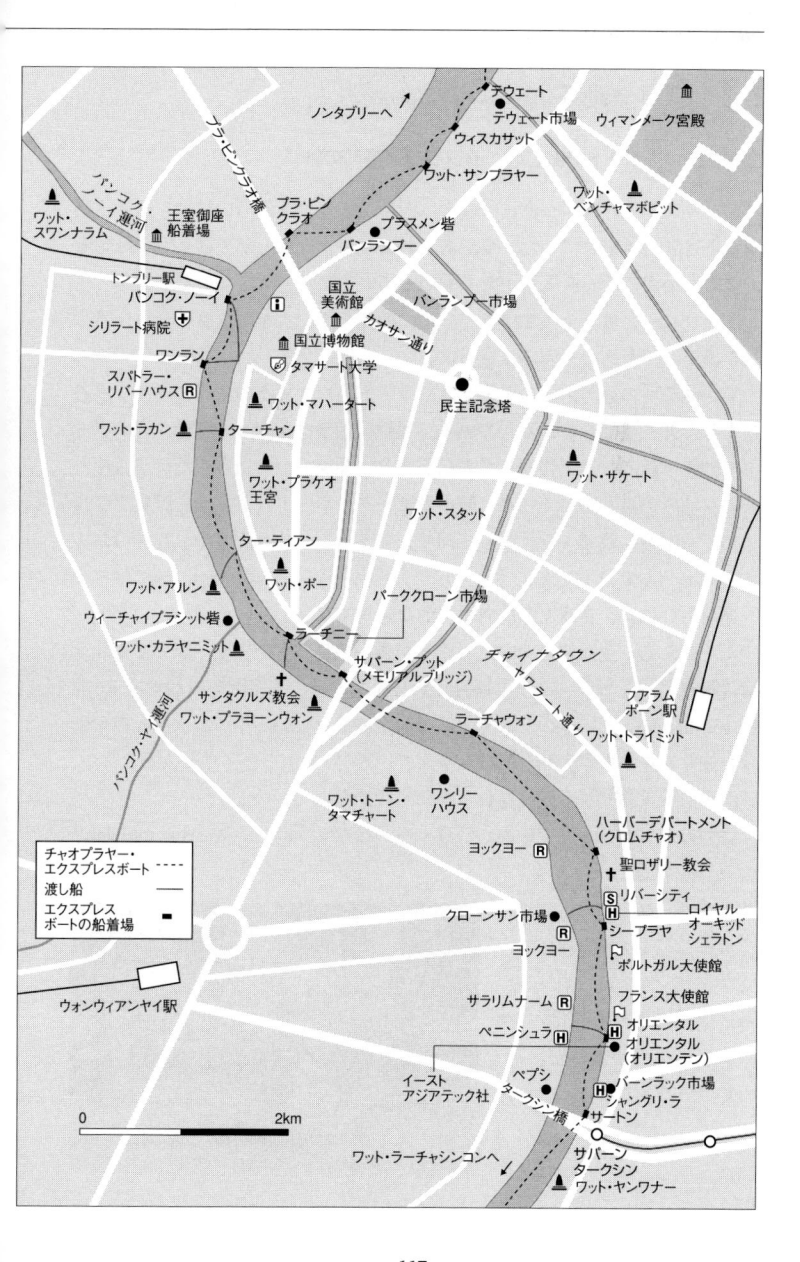

0　2km

運河ボートトリップ

トンブリー運河　Khlong Thongburi

ロングテイルボートで楽しむ、トンブリー運河の旅

　バンコクにまだ道路があまりなかった頃、人々は運河沿いに家を造り、運河を小舟で行き来していた。車があふれるバンコク中心部の様子からは想像もつかないが、そんな風景が今でも残っているのがトンブリーだ。

　トンブリーとは、チャオプラヤー川の西側一帯。チャオプラヤー川を渡し船や橋で渡ったあたりのことを指す。

　トンブリーの運河沿いの民家では、今でもあたりまえのように運河で水浴びをしたり、洗濯をしたりしている。通勤、通学は運河を走る乗り合いボートで。家々はみな運河に面して入口があり、運河沿いに造られたテラスは一家の夕涼みの場となっている。超小型モーターボートにお菓子や雑貨を積み込んだおばさんが家々を行商して回り、アイスクリーム売りや、托鉢のお坊さんもボートでやって来る。

　運河沿いには、立派な寺院や歴史的な建物も点在している。

　たくさんある運河の中でも見どころが多いのは、トンブリー駅のすぐ北を西に折れるバンコク・ノーイ運河だ。必見なのは、王室御座船船着場 Royal Barge Museum。その名のとおり王室の船が置かれている場所で、金と赤の豪華な飾りが見事な巨大船が何艘か並んでいる。陸上からもアクセスできるが、運河ボートトリップの際に訪れるのが一般的だ。

　このほかにぜひ寄りたいのが、ワット・スワンナラーム Wat Suwannaramという寺院。ここはブッダの前世を描く「ジャータカ」をテーマにした壁画が残っていることで知られる場所。壁画のある寺院はバンコクにいくつかあるが、その中でも特に名高いものだ。

●ロングテイルボートをチャーターする

トンブリーの運河へは、チャオプラヤー川沿いの船着場からロングテイルボートをチャーターして乗り入れることができる。

チャーターの申し込みは、リバーシティ、ター・チャン、シープラヤなど、チャオプラヤー川の主な船着場のボート申し込みデスクで行う。申し込みといっても何時間、どのあたりを回りたいかを言うだけでよく、その場ですぐにボートを出してもらえる。どこを回ればいいのかわからなければ、適当にコースを見つくろってくれる。

ボート申し込みデスクは単に船着場に机を置いただけのもので、少し怪しげな雰囲気もある。心配な人は、リバーシティ（地図6 A-1）でのチャーターがおすすめ。ここには大きなショッピングセンターもあり、明るい雰囲気で安心感がある。場所はエクスプレスボートの船着場「シープラヤ」から3〜4分歩いたところ。

ボートは10人以上乗れる大きなものなので、仲間を集めて多人数でチャーターすれば安上がり。もちろん1人、2人でもチャーターできる。料金は1時間300バーツ程度。今ではあまり見なくなったが、正規のカウンターを通さずに声をかけてくるボートは相手にしないほうがいい。

●路線ボートに乗ってみる

地元の人が通勤・通学に使う路線ボートに乗ると、チャーターとはひと味違った運河の旅が楽しめる。これは決まったコースを走る運河バスのようなもの。特に決まった停船場所はなく、乗客は好きなところで乗り降りできる。チャオプラヤー川沿いの船着場が発着点だ。

何路線かあるが、ター・ティアン船着場から出る「バーンヤイ行き」がわかりやすい。この路線は往復のチケット（60バーツ）が用意されているので、終点まで行って、帰ってくればいい。運行は6:00〜18:30頃で、人が集まり次第出発。日中は20〜30分おきに出ている。ター・ティアン船着場はワット・ポーのすぐ近く。

運河ボートトリップ

センセーブ運河　Khlong Saen Seb

MAP2 D-1

爆走運河ボートに乗ってバンコクを横断する

　チャオプラヤー川まで行くのが面倒な不精者も、運河ボートトリップが体験できるのがセーンセーブ運河だ。

　バンコクで運河が交通路として重要だったのは、そう昔のことではない。今では多くの水路が埋め立てられ、庶民の足はバスや車に取って代わられたが、セーンセーブ運河では今も変わらずボートが運行されている。

　セーンセーブ運河は、バンコク中心部を東西に流れる長い運河。ここを走る運河ボートは観光用のものではなく、バンコク市民の通勤・通学の足として使われている。

　運河ボートの発着点（中継地点）は、プラトゥーナム市場のすぐ近く。日本人におなじみの伊勢丹、ワールドトレードセンターからも、歩いてわずか5分ほどのところだ。

　セーンセーブ運河は、長年の汚濁が蓄積された真っ黒なドブ川。過って落ちたら目がつぶれそうなほど汚い。ボートは水しぶきを上げながら、猛スピードでこの汚い運河を走り抜けていく。

　乗客が汚水の水しぶきをかぶらないよう、ボートは青いビニールシートでくるまれている。そのためほとんど外が見えないが、前方の座席と後方の座席の間に満席時は人が立って乗るスペースがあり、ここに立っていれば外の景色がよく見え、写真も撮れる。

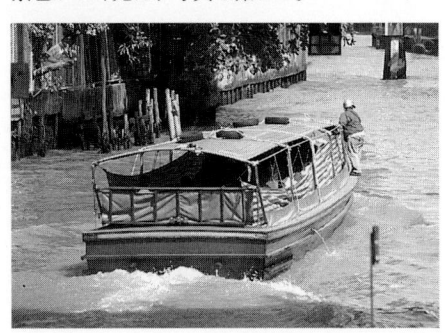

　優雅な運河の旅とはほど遠いが、水しぶきをあげて運河に飛び込む子どもたちの姿や、運河沿いに住む人々の生活を、青ビニールの隙間から垣間見ることができるだろう。

運河ボートトリップ

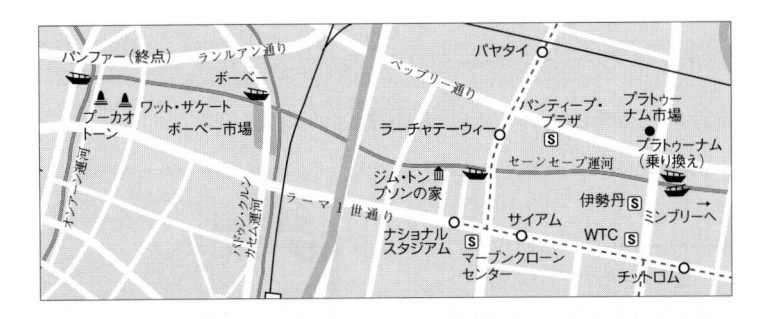

水辺の旅

● ルート

　運河ボートはプラトゥーナムを出発し、東西の最終目的地までを単純に往復している。

　西はパンファー、東はワット・シー・ブンルアン（ミンブリー）が終点。パンファーからミンブリーまで行く場合は、プラトゥーナムでボートを乗り換える。

　まずはプラトゥーナムからボートに乗り、西の終点パンファーへ行ってみよう。単に終点まで行って帰ってくるだけでもいいし、パンファーから徒歩圏内のプーカオ・トーンを見たり、その周辺を散歩しても楽しい。バンコク有数の安物衣料品市場「ボーベー」へは、終点パンファーのひとつ前「ボーベー」で下りる。運賃はプラトゥーナム～パンファーが7バーツ。

● ボートの乗り方

　ボートに乗り込むと、青いジャケットにヘルメット姿のチケット売りがやって来るので、目的地を告げて金を払い、チケットを受け取る。船着場に到着したら、ボートをくるむ青いビニールを下げて乗り降りする。乗降客がいない船着場は止まらないので、あまり人が乗り降りしない船着場で降りるのは、場所がわかっていないと難しい。途中乗船する場合はボートが来たら手を挙げて合図してボートを止める。運行は6時頃から19時頃まで。日曜は運行本数は少なくなる。

🚤 水上マーケット

タリンチャン　Talinchan

運河ツアーが楽しい、タイ人のための週末スポット

　土日にのみ開かれる、タリンチャン水上マーケット。田舎の夏祭りのようなほのぼのムードが漂う、タイ人に人気の週末スポットだ。

　水上マーケットとして売り出し中の観光地だが、正しくは水上お座敷屋台街。有名なダムヌーンサドゥアック水上マーケットのように、小舟がたくさん集まってくるわけではない。

　運河のほとりに大きな「すのこ」のようなものを浮かべ、ゴザを敷いてテーブルを置く。ここに小舟をしっかり横づけして、舟上でカキ入りタマゴ焼きやチャーハン、焼き鳥などを器用に調理して出してくれる。

　この水上お座敷屋台で和やかに食事を楽しむのが、タリンチャンのメインイベント。屋根はあるので、少々の雨は大丈夫だ。

　水上屋台街の近くには小さなステージがあり、土日の11時頃から子どもたちによるタイ伝統音楽の演奏や、ときにはタイダンスも上演される。

　座る場所はそれほど多くないので、お昼どきにはもうびっしり。水上屋台街の周辺にも食べ物屋台やおみやげの露店がたくさん出ているので、食事処には困らない。片隅ではフットマッサージ屋も営業している。

●タリンチャンからの運河ボートツアー

　タリンチャンを訪れたらぜひ参加してみたいのが、タリンチャン発の運河ボートツアーだ。マーケットが開かれる土日にのみ出るツアーで、1人70バーツと料金も格安なうえ、2時間たっぷり運河の旅が楽しめる。

　ボートはよくあるロングテイルボートだが、日避け用の傘は貸してくれる

し、ウエルカムドリンクにコーラまで出してくれるサービスぶり。ボートにはタイ人のガイドが乗ってきて、マイク片手にタイ語で見どころを説明したり、ときには歌まで披露して、乗客の遠足気分を盛り上げる。

いくつかの橋をくぐり、川沿いの民家や寺院を眺めながら、ボートは運河の奥深くへと進んでいく。途中植物園に寄ったり、川の魚にエサをあげたりといったアトラクションも盛り込まれている。冷えたココナツジュースを片手に、水辺の人々の生活が垣間見られる、ローカルムードたっぷりのツアーだ。

タリンチャンを訪れる外国人旅行者はまだ少ないので、ツアー参加者は全員タイ人。タイ人といっしょに運河の旅を楽しみたい人、ひとりでボートをチャーターするのは不安だし高くつく、という人にもおすすめだ。

ツアーは8:30～16:00まで1時間おきに出発。ツアーのチケット売り場は、水上屋台街のすぐそばにある。

運河ボートツアーは、ほかにもいくつかある。

◆タリンチャン発のボートツアー

運河ツアー：8:30～16:00まで1時間おき、所要2時間、70B

スネークファームとワット・パークナーム・パーシーチャルーン：
　13:30発、日曜のみ、所要3時間、120B

ディナーツアー：17:00発、200B

●行き方

タリンチャンはチャオプラヤー川の西岸にあるが、ワールドトレードセンター、サイアムスクエア方面から青い79番のエアコンバスなどでアクセスできる。79番はタリンチャンが終点だが、市場へ行くには終点の少し手前で下車。車掌に「水上マーケット（タラート・ナーム）に行く」と言っておけば、降りる場所を教えてくれる。バスを降りると、船着場へ続く道に屋台が出ているので、それをたどって歩いていく。

🛶 水上マーケット

ダムヌーンサドゥアック　Damnoen Saduak

水の都バンコクが満喫できる、早朝の水上マーケット

　運河を埋め尽くすたくさんの小舟。舟に積み込まれた色とりどりの野菜。舟上でタイ風そばをふるまう麦藁帽子の女性たち…。

　バンコクといえばおなじみのこの風景に出会えるのが、ダムヌーンサドゥアック水上マーケットだ。

　郊外にあるこの運河には、色鮮やかな果物や野菜を満載した小舟が早朝から何十と集まって来る。舟にプロパンガスや鍋を積み込んで、簡単な食べ物を船上で調理して出す舟もある。

　船着場や川のほとりでは早朝から食堂が店開きし、おかゆやメン類の湯気が立ち上っている。運河の土手には季節の野菜や果物が積まれ、地元の買い物客が集まってくる。観光客相手のおみやげ屋もにぎやかだ。

　水の都バンコクには、かつていくつもの水上マーケットがあったという。けれど町と道路の発展にともなって少しずつ姿を消し、今ではここが、バンコク周辺で最大の水上マーケットとなってしまった。

　「どうせ観光客向けでしょ」と思う人も少なくないだろうが、水の都の面影はまだ健在。観光客の殺到する時間をはずして行くと、麦わら帽子のおばさんが自家用ボートですーっと通っていったりして、これもまた風情がある。ダムヌーンサドゥアックへ行く途中には、白い塩田が続き、ヤシの木に似たひょろ長いトンターの木がぽつりぽつりと立っている。

　水上マーケットが開かれるのは朝6時から10時半頃まで。最もにぎわうのは7時から10時頃。おみやげ屋はどこも高いので、値引き交渉は忘れずに。だいたい言い値の3分の1か4分の1くらいから始めよう。

●ボートのチャーター

ただ運河のほとりから市場を眺めるだけでなく、ボートをチャーターして運河に入っていくこともできる。

ボートは1時間300バーツ程度でチャーターできる。値段は事前にしっかり確認したほうがいい。

●バンコク発のツアー

水上マーケットはバンコクから南西へ109キロと遠いうえ、マーケットは朝早くに始まるので、ツアーに参加して行くと時間のムダがない。ダムヌーンサドゥアックへのツアー（Floating Market Tour）は、どの旅行代理店やホテルのツアーカウンターでも取り扱っている。料金はツアーの内容や豪華度によってさまざま。

一番安いのは、安宿街カオサンの旅行代理店のツアー。マイクロバスに詰め込まれて行って帰ってくるだけで、250バーツ程度から。ただし朝早いので、カオサンに泊まっている人以外にはおすすめしない。マーブンクローン向かいのソイ・カセムサンの旅行代理店なら450バーツ程度から。普通の旅行代理店は700〜800バーツくらいが目安。午後にローズガーデンなどを回る1日ツアーもある。

●行き方

自分で行く場合は、まずエアコン11番のバスなどで南バスターミナル（サーイタイ）へ。ここでダムヌーンサドゥアック（Floating Market）行きのバスに乗る。朝は6時から約20分おきに出る。所要約1.5時間。バスを降りたら、さらにソンテウ（乗り合い小型トラック）に乗り換えて、目的地の水上マーケットへ。

出発から到着まで、2時間半くらい見ておいたほうがいい。バスの乗り継ぎで予想外に時間がかかることもあるので、できるだけ朝早く出発しよう。

アユタヤ・クルーズ　Ayuthaya Cruise

船上ビュッフェも楽しめる豪華クルーズ

　タイの古都アユタヤは、アユタヤ王朝時代の遺跡が数多く残り、毎日大勢の観光客が訪れる人気の観光地だ。

　アユタヤの町はチャオプラヤー川沿いにあるので、バンコクからはチャオプラヤー川を北へさかのぼって行くこともできる。それならばアユタヤ観光のついでにチャオプラヤー川のクルーズも楽しんでしまおうというのが、アユタヤ・クルーズだ。

　早朝バンコクからバスでアユタヤへ行き、アユタヤの遺跡を観光。その後クルーズ船に乗り換えて、豪華ビュッフェランチを楽しみながらチャオプラヤー川を下る。途中、バーンパイン宮殿などの観光名所に寄り、夕方バンコクに帰着するというのが代表的なツアーの内容。リバークルーズとアユタヤ観光を、丸1日かけてたっぷり楽しめる。

　アユタヤクルーズは旅行代理店の人気ツアープログラムのひとつなので、バンコク市内の旅行代理店や、ホテルのツアーカウンターに行けば、たいてい申し込める。ディナーを船上で楽しむディナークルーズもある。

　ツアー料金はいずれも1700〜2200バーツ程度と豪華なものだが、あくせくしないでのんびりアユタヤ観光を楽しみたい人にはおすすめ。出発前日までに申し込みが必要。ツアーによっては、ホテルへのピックアップがある（要確認）。

●ツアー例

ウェンディーツアー：日本の旅行代理店、ウェンディーツアーが運行。バーンパイン宮殿、アユタヤ観光後、船上でビュッフェの昼食。日本語で申し込みできる。1800B　TEL216-2201

シャングリラ・ホテル：チャオプラヤー川沿いの大型ホテル、シャングリラが運行。1600B　TEL236-7777

Market

市場めぐり

おみやげ
ナイトマーケット
衣料品
インド人街
チャイナタウン
花・生鮮食品
植木

おみやげ

チャトゥチャック・ウィークエンドマーケット　Chatchak Weekend Market

時間があったらぜひここへ！　タイ最大の何でも市場

　毎週土日にチャトゥチャック公園で開催される超巨大マーケット。地元バンコクの人はもちろん旅行者にもその名は有名で、マーケット開催日には、バンコク郊外からも売り子や客が続々と集まってくる。

　手に入らないものはまずないくらい多数のテナントが出店しているが、観光客に人気なのはやはりタイ雑貨や民芸品。タイシルクや陶器、山岳民族の民族衣装、アンティークなどの売り場も充実していて、とても全部は見て回れないほど。ベンジャロン焼きやセラドン焼きといった陶磁器は、ひと山いくらの安物から骨董品級の高価なものまで、種類も豊富に陳列されている。盆栽やら、ビンテージもののジーンズが眠る古着売り場もある。

　オアシス的人気コーナーは、犬や猫、金魚などのペット売り場。まだ足がヨタついている生まれたての子犬や子猫のほかに、ヘビやカメレオン、アヒル、マングースなどの小動物も、愛くるしい目で飼い主を探している。

　ウィークエンドマーケットの問題は、広すぎることと人が多いこと。気が遠くなるほどたくさんのテナントが集まり、市場内は迷路のようになっている。お目当てのものを探し出すのはひと苦労だ。

　そのうえ、売り場はすべて半屋外。ほったて小屋にビニールやトタンを被せたような簡単な作りで、日が高くなるにつれ市場内は蒸し風呂状態になる。

●チャトゥチャックを攻略する

　売り場は商品別にきちんと区分けされているわけではないが、民芸品はこのあたり、陶器はこのあたり、と大まかに決まっている。インフォメーションなどで地図を入手して、力尽きる前に、まず目当ての売り場から攻めよう。

　観光客も多いだけあって、中にはかなり高めの値段を言ってくる店もある。

妥当な値段で買おうと思ったら、値引き交渉は必須だ。

そのためにはまず市内のデパートなどで商品を見て、相場をチェックしておくべし。また陶器やシルクなどの品質のいいものが欲しい人は、見る目を養っておくと値段交渉に有利だ。

●闘鶏コーナーも必見

さて、気力が余ったらぜひ見たいのが闘鶏コーナー。闘鶏とは、勇猛さで知られるシャモを2羽闘わせ、その勝敗を予想して金を賭けるバクチのこと。「シャモ」という日本語はシャム（タイの昔の国名）が転じたものだそうで、闘鶏は長い伝統をもつ人気の賭博なのだ。マーケットには闘鶏用のシャモのコーナーがあり、午後になると売り場の片隅で闘鶏が始まる。

似たようなものに魚を闘わせる闘魚というものもあって、闘魚用の魚がビンに入れて売られている。こちらは地味で闘鶏ほど人気がないようだが、運がよければ闘いを見るチャンスもある。

チャトゥチャックは数々の掘り出し物やお宝も眠るという、奥の深い市場。バンコク在住者やリピーターにもファンが多い。BTSが開通してアクセスもグンと楽になった。あまり時間がないという人や、買い物はとりあえずおみやげ用だけ、という人は市内のデパートに行けば十分だが、もし週末にバンコクにいるなら、観光気分で出かけてみたい。

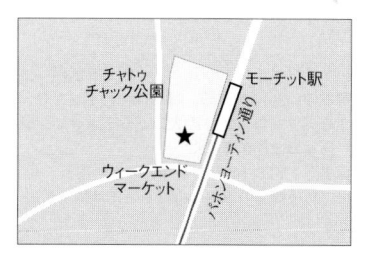

DATA

営業：土日のみ。9:00～18:00頃（テナントにより異なる）
行き方：BTSモーチット駅より徒歩3分。人の流れについていけばたどりつける

ナイトマーケット

パッポン Patpong

MAP4 C-1,2

ゴーゴーバーのネオンがまたたく、歓楽街のマーケット

　パッポン通りはバンコク最大の歓楽街。昼間は静かな通りだが、夜になるとゴーゴーバーのネオンがまたたき、路上は露店と人で埋め尽くされる。

　パッポン夜市の目玉は高級ブランドのコピー商品。ロレックスやカルティエの高級腕時計、ヴィトンやプラダのバッグ、シャネルのアクセサリー、ナイキのシューズなど、有名どころが種類も豊富に取り揃えてある。ルイ・ヴィトンはモノグラムがほとんどで、薄目で見てもニセ物とわかる粗悪品ばかり。皮やシルクは、素材は本物だが品質の悪いものが多い。ブランドもの以外にもTシャツ、民芸品、CD、アクセサリーと、おみやげになりそうなものならとにかく何でも売っている。

　観光客しか来ないので、言い値の高さはハンパではない。市価199バーツのビニールのサンダルを本皮だと言い張って980バーツなんていうのもあたりまえ。値切る気もなくなる高さだが、露店主との値段交渉を楽しみつつ、タイ最後のおみやげの仕込みにはげもう。交渉はだいたい言い値の3分の1～4分の1くらいから始めるといい。

　風俗店のポン引きも大勢いるが、観光客だらけで家族連れも歩いている。妙な店に入らない限り、ひとりで歩いていても問題ない。バンコク名物ゴーゴーバーものぞき見できるし、夜のお散歩コースとして1回は訪れたい場所。ただし貴重品には十分注意！

DATA

営業：19:00～1:00頃。マーケットが盛り上がるのは20～23時頃。露店はパッポンだけでなく、シーロム通りの入口からチョンノンシー通りのほうまで続く

行き方：BTSサラデーン駅から徒歩3分

※コピー商品の日本への持ち込みは禁止

サパーンプット　Saphaan Phut

川沿いのナイトマーケットで、ティーンの熱気を体感

　観光客ばかりのパッポンやスクムビット通りの夜店でなく、タイ人の集まるナイトマーケットに行ってみたい人におすすめなのがここ。バンコク中心部からはバスやタクシーで行かなければならないこともあり、外国人の姿はまだほとんどない。

　タイ人とはいっても、ここに集結するのは10代、20代の若者たち。お客も若ければ、露店の主もヘビメタ風などの若者ばかり。人気の秘密はオリジナリティあふれる個性的な商品が見つかること。手作りのアクセサリーや洋服、香水、珍しいところではギターの店もあり、値段も安い。もともと主に古着を売る店が集まっていた市場だそうで、今でも衣料品関係は古着が主流。また似顔絵描きにいそしむ若者たちも、サパーンプットの風物詩のひとつだ。

　場所はパーククローン市場や花市場に近い、ラーマ1世メモリアル橋（サパーンプット）のたもと。チャオプラヤー・エクスプレスボートのサパーンプット（メモリアルブリッジ）船着場を降りてすぐのところだ。

　露店は18時頃から準備を始め、20時を回るころになると身動きもとれないくらいの人が集まってくる。エクスプレスボートで行くこともできるが、ボートのある時間はまだ露店もお客もまばら。チャイナタウンから遠くないので、食後の夕涼みにいいかもしれない。

DATA

営業：19:00〜（露店により異なる）
行き方：サイアム方面からはエアコンバス73番がサパーンプット終点。マーケットはバスを降りてすぐ。帰りも同じ場所からバスに乗る。チャオプラヤー・エクスプレスは19時前に終わってしまう

衣料品

カオサン通り&バンランプー Thanon Khao San & Banglamphu MAP5 B-2

バンコクの安宿街と、歴史ある衣料品市場を散策する

●カオサン通り

　カオサン通りは1泊60バーツくらいから泊まれるゲストハウスが何十軒も集まる安宿街。貧乏な旅行者が世界中から集結する、超有名エリアである。

　バーでは24時間はた迷惑な音楽をガンガン流し、路上には外国人が昼夜わかたず座り込む。今ではタイ人が見物にやって来る一種の観光スポットで、ソンクラーン（水かけ祭）の乱痴気騒ぎはバンコク名物となっている。

　さて、犬もまたいで通るこんなカオサン通りだが、泊まらなくてもブラブラ買い物に来るとけっこう楽しい。

　通りにはバリ風、インド・ネパール風、中南米風の雑貨や洋服、民芸品など、若い旅行者が好きそうなものを節操なく売るお店や露店がずらり。言い値は高いが、外国人好みの品を揃えている。長い巻きスカートにタンクトップ。頭のてっぺんからつま先まで、いかにもアジア旅行者的なコスチュームも一式揃う。

　シルバーのアクセサリーが安いことでも有名。細かい三つ編みをたくさん編んでくれる路上の三つ編み屋さんも、カオサンの名物。激安のパッタイ（タイ風焼そば）や揚げ春巻きの屋台も、深夜まで営業している。

　外国人居住区的なイメージもあるが、一歩路地裏に入るとタイ人のおばさんが上半身裸でくつろいでいたりする、超ローカルエリア。買い物が楽しめるのはカオサン通りだけだが、ゲストハウス街はチャオプラヤー側のほうまで広がっている。

衣料品

●バンランプー

　カオサンに来たら、ぜひ足を伸ばしたいのがここ。バンコクでは有名な衣料品市場で、典型的なタイの安物ファッション店や露店が集まっている。

　カオサンが近いためどこも外国人慣れしてはいるが、パッポンあたりと違って吹っかけるようなことはない。ただし最初から言い値がほぼ定価なので、大幅な値引きにはまず応じない。「観光客向けの市場は値切るのがめんどくさい」という人にはぴったり。制服を売る市場としても歴史があるそうで、今も紺のスカート、白いブラウスを売る屋台が出ている。

　バンランプーにはお食事処も多く、メン類などの安食堂や屋台のほか、手作りパンやお菓子の店もあり、朝や夕方にはお惣菜やおやつの屋台も出てにぎやかだ。

DATA

行き方：ワールドトレードセンター、スクムビット通り方面からはエアコンバス11番など。ラーチャダムヌーン・クラン通り沿いで下車。チャオプラヤー・エクスプレスのバンランプー船着場から、バンランプーへ徒歩10分

営業：バンランプーの店は〜18:00頃、カオサン通りの店は〜21:00頃（店舗により異なる）

衣料品

プラトゥーナム　Pratunam

MAP2 D-1

気軽に立ち寄れる伊勢丹至近の大型衣料品市場

　伊勢丹から北へ歩いて5分という便利なロケーションにある衣料品市場。大通り沿いの衣料品店と露店だけでも相当な数だが、1歩路地へ入ると小さなテナントがぎっしり。インドラショッピングセンター、シティセンターなどの大型ショッピングセンターをも含む、巨大な市場なのだ。

　品揃えはTシャツやコットンの衣料品、バッグなど、どこの衣料品市場でもおなじみのものばかり。スーツ1着700バーツくらいで作れる仕立屋や、派手な下着を売る店もある。

　プラトゥーナムには卸売店が多く、日本はもちろん世界中から衣料品のバイヤーがやって来る。場所柄、観光客も多いので値段は若干高めだが、英語の通じる店もある。

　プラトゥーナム市場はラーチャプラロップ通りを挟んで東西に広がっている。東側はかつて生鮮食品市場だったところで、現在は未完成のまま放置されているビルの周りに食べ物屋台が店を出している。西側は衣料品市場で、こちらも相変わらずたくさんの店と人でにぎわっている。

　タイ語で「水門」を意味するプラトゥーナムという地名は、近くを流れるセーンセープ運河の水門があったことに由来するとか。プラトゥーナムから運河ボートに乗れば、市場が発達した当時の様子が偲べるかも。

DATA

営業：10:00〜21:00頃（店舗により異なる）
行き方：伊勢丹、ワールドトレードセンターから北へ徒歩5分。BTSチットロム駅からは徒歩13分

衣料品

ボーベー Bo Be

MAP1 C-2

周辺の散策も楽しめる、運河沿いの激安市場

　山ほどの安物衣料品と、底の抜けたような激安価格に圧倒されたい人は、ボーベーに行くのを忘れずに。

　ここはバンコク一の安さを誇る衣料品市場。卸売専門の問屋が集まり、バンランプーあたりの露店や衣料品店の多くもここで商品を仕入れている。海外からもバイヤーが訪れ、通りにはロシア語の看板がちらほら。大きなビニール袋に商品が山ほど詰め込まれ、出荷されていく。

　卸売が主とはいえ、個人に商品を販売する店や露店も多い。シャツやスカート、下着、子供用の上下と、とにかく何でも安く手に入る。

　市場は運河を挟んで、両側に陣取っている。運河にかかる橋の上から露店がぎっしりで、まるで要塞のような独特の景観だ。中国系の店が多く、中国語が併記された看板が目につくが、ターバンを巻いたシーク教徒や、マレー系の人も歩いている。運河の近くには立派なモスクがあり、ハラルフードやハーブのお店もある。買い物を抜きにしても、観光地感覚で散策するのが楽しいところだ。

　ボート乗り場の近くには「ボーベータワー」というビルがある。遠目に見ると立派なビルだが、中に入ると天井が低く、小さな洋品店がぎっしり。エアコンがきいていて6階にはフードセンターもあるので、買い物途中のひと休みに使える。

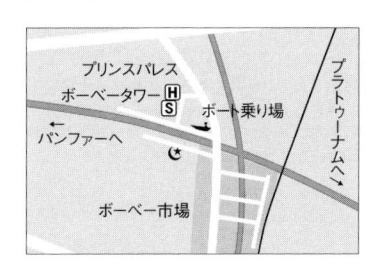

DATA

営業：～17:00頃（店舗により異なる）
行き方：プラトゥーナムからパンファー行き運河ボートで約15分。終点パンファーのひとつ手前で降りる。運河にかかる橋を渡ったところが市場。53番の赤バスも通る

インド人街

パフラット　Pahurat

MAP7 A-2

本場のチャイでひと休み。サリー屋もあるインド人街のマーケット

　チャイナタウンのはずれにある布地市場。布地を購入して仕立ててもらうのもいいが、パフラット周辺には布地以外にもぜひ見てほしい楽しい場所がたくさんある。

　そのひとつが、タイの正装である「チュッタイ」を売るお店。色やデザインのバリエーションも豊富にあって眺めているだけでも楽しいが、思いきって自分用の1着を購入してみるのもいい。

　ほかに目を引くのが結婚式グッズの店。ピンク色の内装の店内に、ハート型の小物や結婚式の引き出物、ウエディングドレスなどが並んでいて、嫁入り前の娘たちが品定めにやって来ている。

　パフラットはバンコク最強のインド人街でもある。店の多くはインド人の経営で、インド料理店も多い。シーク教寺院にはターバン姿のインド人が集まり、サリー姿の女性たちが買い物を楽しんでいる。もちろんサリーやインドアクセサリーの専門店もあり、リーズナブルな値段で購入できる。

　インド世界を最も満喫できるのは、ATMデパート横（向かって左側）の路地。インドの神様グッズや小物店、サモサ屋台やインド料理の安食堂が集まっていて、漂う香りはもうすっかりインド。食堂の店先に腰かけて、チャイをすすりながらあつあつのチャパティーをかじれば、スクムビット通りの高級インド料理店では味わえない、コテコテのインドが体験できる。

DATA

営業：～18:00頃までがにぎやか（店舗により異なる）
行き方：スクムビット通り、マーブンクローン方面からはエアコン8番バスなどで

チャイナタウン

サンペン・レーン　Sampeng Lane

MAP7 A-2

チャイナタウンの歴史がつまったマーケット小路

　チャイナタウンに露店街は数多いが、最もにぎやかなのがサンペンレーン(ソイ・ワニット)だ。道幅2メートルほどの狭い通りだが、チャイナタウンの活気が凝縮されている。

　道の両側には小さなお店がびっしり並び、路上にも露店が切れ目なく店開き。大勢の人が訪れるうえ、荷物を満載した台車やバイクが走り抜けて行くので、まともに歩くことすらできない。洋服から食べ物まで何でもあるが、特に有名なのがビーズなどで作った激安アクセサリーの店。何軒もあるので、好きな人なら必見だ。

　サンペンは古くから商業の中心地だったが、一方では阿片窟や売春楼、賭博場が軒を連ねる場所でもあった。サンペンから枝分かれする路地を散策してみると、当時の街の面影を偲ぶことができる。

　サンペンレーンを歩き抜け、さらに体力が余っていたらナコーンカセム(泥棒市場)へ。ここは古いタイプライター、仏像、パソコンや機械の部品、生きたカニ、古時計、ガラクタと、何の一貫性もなく品物が集まっている。買えそうなものは何もないが、暇つぶしにはなる。

　「オールドサイアム」はチャイナタウン最大のショッピングセンター。1階ではお菓子の実演販売をやっていて、土日はイベントも開催される。ファストフードやフードセンターもあるので、休憩に便利だ。

DATA

営業：10:00〜18:00頃(店鋪により異なる)
※日曜定休の店が多いが、露店は日曜もにぎやか。通りは1kmほどあるが、アクセサリー店が多いのはチャクラワット通り寄り
行き方：ワールドトレードセンター、マーブンクローン方面からはエアコン73番バスなどでヤワラート通りへ出て徒歩

花・生鮮食品

パーククローン市場　Pak Khron Talat

MAP5 B-5

活気あふれる巨大生鮮市場。カラフルな花市場も必見

　パーククローン市場は、チャオプラヤー川沿いに広がる巨大な生鮮食料品市場だ。野菜を満載した荷車が行き交い、キャベツや唐辛子を山盛りにした巨大なカゴが路上にゴロゴロ並ぶ。活気あふれる生鮮食品市場が見てみたかったら、ここを訪れるのが一番だろう。

　市場はロート運河とチャオプラヤー川が交わるところにあり、かつては売り手も買い手も小舟で集まる水上市場としてにぎわったという。今でも郊外で収穫された果物や野菜の多くは、チャオプラヤー川を船で運ばれてくる。

　一方、チャクラペット通り沿いに広がるのが花市場。路上に並んだパラソルの下には、色とりどりの花また花。新鮮なバラの花が新聞紙でくるまれ、50本50バーツといった値段で取り引きされている。

　無造作に束ねられた花束以外にも、何種類もの蘭の花や冠婚葬祭用の大きな花飾り、贈答用にアレンジされたかわいい花束などが売られている。よくバスの運転手が車内につるしている花飾りや、花輪を作っている露店もある。小さな花カゴでも買ってホテルの部屋に飾れば、安ホテルも安らぎの空間に早変わり。生鮮市場は臭いし汚いからイヤという人は、通り沿いのこの花市場だけでものぞいてみては。

　パーククローン市場の周辺は、バンコクでも長い歴史をもつ一角。古い建物を眺めて歩けば、バンコクの歴史散歩が楽しめる。

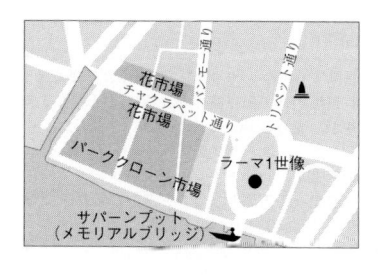

DATA

行き方：サイアム方面からは、エアコン73番バスなどで終点サパーンプット下車。またはチャオプラヤー・エクスプレスのサパーンプット（メモリアルブリッジ）船着場で降りてすぐ

バーンラック市場　Talat Baanlak

下町の生鮮市場でバンコクの早朝散歩を楽しむ

　バーンラックは中国系の住民が多く、歴史の古いエリア。チャオプラヤー川のほとりにそびえる近代的な大型ホテル「シャングリラ」と、新旧の見事なコントラストを生み出している。

　市場には獲れたての大きな魚がピチピチと横たわり、ダイナミックに切り分けられた大きな肉の塊がブラブラぶらさがっている。練り物やイエンタフォ（赤いスープの麺）に入れるイカなど、おなじみの屋台料理の具も並ぶ。お豆腐や袋入りのガリが、日本人にはなじみ深い。

　買い物に来るのは近所のおばさん風あり、屋台主風あり。市場内には買い出しに来た人や商店主の朝ごはん屋台が出ていて、湯気の立つあんかけ麺などを味わうことができる。

　またチャルーンクルン通り（ニューロード）沿いにもおかゆや点心、フカフカの蒸しパンを売る店があり、朝ごはんにはぴったり。通勤途中のサラリーマンが新聞を売る屋台に群がって立ち読みしたりと、楽しい日常のひとコマも見物できる。

　タイの地方の町に行けば、行く気はなくても必ず遭遇するのが生鮮食品市場。でもここバンコクでは、わざわざ探して出向かなければなかなかお目にかかることがない。パーククローン市場ほど広すぎず、アクセスも比較的楽なので、1日だけ早起きをして朝の散歩を楽しんでみては。

DATA

営業：5:00頃〜

行き方：マーブンクローン、シーロム方面から15番バスなどで。チャルーンクルン通り（ニューロード）から、角にセブンイレブンのあるソイ44を入ってすぐ。チャルーンクルン通り沿いには目立つ入口がない

🪴 植木

テウェート　Thewet

MAP1
B-1

バンコクの園芸ファンが集結する生鮮&植木市場

　植木の店が集まる、ちょっと珍しい市場。市場はパドゥンクルンカセーム運河沿いに細長く続いていて、運河の南側が植木市、北側が生鮮食品の市場となっている。

　生鮮食品市場のほうは、タライに入れられた生きたままの大きなナマズやエビ、キャベツやトマトなどが並ぶ。地方なら町の中心に必ずありそうなごく普通の生鮮食品市場で、午前中は多くの人で混雑している。

　植木市もそれほど規模は大きくないが、小さな植木鉢にアレンジされた盆栽から、高さ2メートルの大きなヤシの木まで、観葉植物を中心にあれこれ取り揃えている。種や植木鉢などの園芸用品はもちろん、金魚飼育セットも売っている。

　場所はチャオプラヤー・エクスプレスのテウェート船着場を降りてすぐ。船着場周辺は犬がうろうろしていてひなびた雰囲気だが、船着場のすぐそばには、人気のレストラン「シルバースプーン」がある。

　市場だけならわざわざ見に行くほどのものではないが、シルバースプーンで食事をしたり、距離的に近いウィマンメーク宮殿やワット・ベンチャマボビットの観光も兼ねるといい。ウィマンメーク宮殿までは歩きはきつい距離なので、トゥクトゥクやタクシー利用が便利。

DATA

行き方：チャオプラヤー・エクスプレスのテウェート船着場から徒歩1分

Study in Bangkok
バンコクで学ぶ

タイ文化体験
タイ料理
マッサージ
タイダンス
タイ語短期学習
瞑想
ムエタイ
ダイビング

タイ文化体験

マリサ ランゲージスクール MALISA Language & Culture School MAP3 A-1

1日体験コースで気軽にタイ文化入門

　タイ在住の日本人に人気のカルチャースクール。タイ料理、タイダンスなどさまざまな講座があり、旅行者でも参加できる1日体験コースも設けている。生徒は全員日本人のうえ先生も日本語がペラペラなので、タイ語や英語がまったくダメな人でも気軽に参加できる。

　1日体験コースは2人から開講（タイ語講座以外）。1人の場合はすでに開講予定があればそこに加わるか、講座によっては一般のクラスに参加できるので、気軽に問い合わせを。各講座はほぼ毎日開かれていて、参加者も多い。参加希望者は必ず事前にスケジュールを問い合わせること（当日でもOK）。日本からはメールで問い合わせができる（日本語可）。

◆**タイ語1日講座**　あいさつや買い物など、旅行にも役立つ実用会話を学ぶ。
1人：700B　2人：400B／人　3人：400B／人　1時間半

◆**フルーツカービング、石鹸カービング1日講座**
開講：毎日15:00～16:30（土日以外）
※月曜日9:30から通常のコースが開講されており、1人でも参加できる。

◆**タイ料理1日講座**
開講：毎日15:00～17:00　2人1400B

◆**タイダンス、キム（タイの伝統楽器、打琴）1日講座**
開講：毎日13:00～、15:00～　2人1400B　2人から開講。

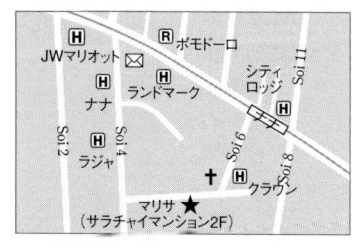

DATA

営業：9:00～17:00　定休：土日。ただしプラス500B（2人）で開講
行き方：BTSナナ駅から徒歩7分。奥まった場所にあるが、通りに看板が出ている
電話：251-0758
住所：17/7 Sukhumvit Rd
メール；malisa@loxinfo.co.th（日本語可）

タイ文化体験

バーン・ワサナ　Baan Vasana

MAP2 A-5

タイ料理からタイダンスまで、多彩な講座が魅力

　日本在住20年以上、日本のカルチャースクールでもタイ料理の講師を務め、タイ料理の著書もある竹下ワサナ先生が主宰するタイ料理・タイ文化の教室。タイ料理教室は特に評判が高いが、ほかにもフルーツカービングやタイダンスなど、さまざまなタイの文化に触れることができる。

　詳細な情報はホームページに掲載されているので、最新の開講スケジュールや料金は必ず確認のこと。問い合わせは日本語でできる。

◆バーン・ワサナ Baan Vasana

　ワサナ先生の自宅で開催するタイ文化の教室。講座はタイ料理、タイ語、タイ音楽、タイダンス、フルーツカービング、プアンマライ（花輪作り）など実に多彩。またタイ古式マッサージ、足の裏マッサージの教室を開催しているほか、ホームステイも行っている。

　緑に囲まれた閑静な住宅街にあり、アットホームな雰囲気の中で学べるのが魅力。バンコク中心部からはやや離れた場所にあるため、送迎車の手配も受け付けている。

◆タイ料理教室

　親しみやすい家庭料理のメニューを中心に学ぶ。旅行者にもおなじみのゲイソーンプラザ地下1階にあるレストラン「フィッシャーマンズ・シーフード」で開催。アクセスが楽なので、時間に余裕がない人には便利だ。1回だけの参加も可能。3日前までに予約が必要。

開講日：第1、第2火、水、木曜　11:00～14:00
受講料：3回3500B　1回1300B（材料費、飲み物代含む）

DATA

◇バーン・ワサナ
営業：10:00～22:00　無休
住所：33/118Moobaan Tor Ruamchok, Soi Chokchai4, Lardprao Rd
FAX：02-930-5762
HP：http://www.geocities.co.jp/Foodpia-Olive/1627/　vasana_takeshita@hotmail.com

タイ文化体験

ボイスホビークラブ　Voice Hobby Club

MAP3 E-2

授業内容の質の高さはピカイチ。いろいろ学べるカルチャースクール

　日本人経営で、タイの大学教授、あるいは現役で活躍する一流アーティストを講師陣に迎えたカルチャースクール。授業内容には定評があり、日本人通訳も入る。

　旅行者のためのタイ体験コースは、タイ料理、フルーツカービング、バティック（ロウケツ染め）の3コース。タイ料理は1回で3種類のレシピを学習でき、講習後は試食会が開かれる。毎週水・木曜日の9:30～11:30、12:30～14:30で650バーツ（材料費込み、その他の曜日相談可）。果物や野菜、石鹸に美しい彫刻を施すフルーツカービングは、午前、午後クラスあり、1名の場合でも相談可。授業料650バーツ、専用のナイフ代350バーツで、簡単な彫刻ならわずか1回の講習でできるようになる。バティックは南国ならではの明るい染め物で、ハンカチサイズのものが1枚完成する。毎週木曜日の9:30～12:00で講習料500バーツ、材料費350バーツ。

　そのほか、バイトーン工芸（バナナの葉を原料にした皿や器を作る）、フラワー・アレンジメント、シャドーボックス（ペーパークラフトの1種）など、約20講座ある一般コースに1日だけ特別参加することも可。代表者の岡さんは元アクセサリーデザイナーで、受講者の立場をよく理解しているので融通も利き、いろいろ相談に乗ってくれる。短期留学をして一般コースに参加し、日本で講師をする人も多い。

DATA

営業：月～金9:00～17:30　土9:00～15:00
定休：土（隔週）、日、祭日
行き方：スクムビット通りソイ39の入口からシーロー（ソイの中を走るタクシー）で5分。「ラケットクラブ」と言えば通じる
住所：Racket Club 2F, Room A-5, Soi 49-11, Sukhumvit Rd　電話：712-8045　予約：要

タイ料理

ワンディー料理学校　Wandee Culinary School

MAP4 C-2

家庭料理から宮廷料理まで、日本語で学べる専門校

　タイで最も有名な料理研究家のひとりであるワンディー先生の経営するタイ料理学校。家庭料理から本格的な宮廷料理まで幅広く学べるほか、フルーツカービングなどのコースもある。

　講座内容の詳細や最新の開講スケジュールについては、ホームページに掲載されている。日本からはメールでの問い合わせや申し込みも可能（日本語可）。料理教室は日本人による解説、通訳がある。

◆グループレッスン

　毎回15名ほどが参加するグループレッスン。1回だけの参加もOKなので、スケジュールが合えば旅行者でも参加できる。作る料理はリクエストに応じて毎回3品。和気あいあいとした雰囲気で、ひとりでも気軽に参加できる。開講の曜日や日程は、事前に必ず確認のこと。受講者はすべて日本人。

開講：金曜日　10:00～12:30　1回1000B／1人　5回4000B／1人

◆タイ料理1日コース

　生徒の希望に合わせて日時を設定する完全オーダーメイドコース。グループレッスンに予定を合わせることができない人や、何人かで誘い合わせて参加したい人には便利だ。

開講：毎日9:00～15:00（日・祝を除く）

1名：4000B／1人　2名：3500B／1人　3名：3000B／1人　4～5名：2500B／1人

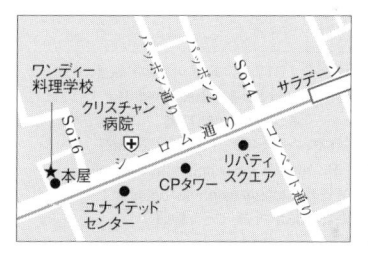

DATA

行き方：BTS サラデーン駅から徒歩6分
住所：13/5-6 Silom Rd
電話：237-2051
HP：http://conductor.asianet.co.th/~chieri/wandee-school.top.htm
※詳細はホームページ参照

マッサージ

ワット・ポー・マッサージスクール　スクムビット分校　Wat Po Massage School

MAP3 C-2

スクムビットで学べるタイ古式マッサージ

　ワット・ポーにあるタイ古式マッサージ・スクールの分校。講師はワット・ポーから派遣され、本家ワット・ポーと同内容の指導が受けられる。

　受講料は本校よりも高くなるが、スクムビット通りという地の利の良さと、エアコンの効いた快適な環境を考えれば、それだけの価値はある。

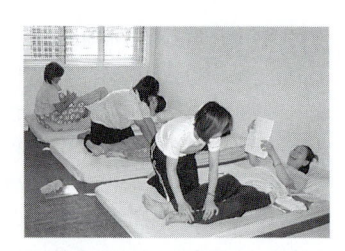

　タイ古式マッサージのほかにハーブマッサージ、フットマッサージを学ぶコースもあり、時間のない人は短期集中で受講することもできる。受講生は日本人がほとんどだが、男女ともに幅広い年齢層の受講者が学んでいる。日本からはメールでの問い合わせや申し込みが可能（日本語可）。各コースの修了者には、ワット・ポーから修了認定証が発行される。

◆**基本コース**：タイ古式マッサージ　基本全般　全30時間　12,000B
◆**上級コース**：身体のツボおよびハーブマッサージ　全30時間　12,000B
　※基礎コース修了者は全9時間
◆**フットマッサージコース（タイ式足ツボマッサージ）**：9〜15時間　7500B
◆**中国式フットマッサージコース**：全24時間　8500B
◆**短期習得コース**
　基礎・上級コース：1日6時間、5日間で修了
　フットマッサージコース：1日6時間2日半で修了

DATA

行き方：BTSプロムポン駅より徒歩10分
住所：14/6 Soi 33, Sukhumvit Rd
　　　IKD THAILAND3階
電話：260-4456　FAX：662-1385
HP：http://www.watpo-school.com/
メール：info@watpo-school.com
※詳細はホームページ参照

タイ料理／タイダンス

🖋 タイダンス

インターナショナル・タイダンス・アカデミー (ITDA) MAP3 D-2

旅行者でも参加できる「観光コース」を実施

スクムビットにあるタイダンスの専門校。長期で通えるバンコク在住者向けの講座が中心だが、旅行者でも参加できる「観光コース」を開講していて、まったくの初心者も短時間でタイダンスの基本を学ぶことができる。先生はタイ人だが、月、水、金曜は日本人スタッフがおり、観光コースがあるときは必ずついていてくれる。自分でカメラを持ってくれば、記念撮影もできる。要予約。

◆Aコース　所要1時間　600バーツ（教材費込み）

ヌンジョンガベーンというタイ舞踏の練習着を身につけ、タイ舞踏の基本的な準備体操。手の形や仕草（嬉しい、悲しいなど）の練習をする。

◆Bコース　所要2時間　1500バーツ（教材費込み）

タイ舞踏の練習着を身につけ、タイ舞踏の基本的な準備体操。手の形や仕草（嬉しい、悲しいなど）の練習。輪になって踊るラムウォンマータターンの練習。その後、舞台用のヘアメイク、着付けをし、ポラロイドで記念撮影（1枚）。ITDAから体験学習の修了証が発行される。

一般のタイダンス講座は、入門から師範まで受講者のレベルに応じたコースがあり、師範コースを修了すると、タイ文部省認定の師範免状が発行される。タイの楽器キム（打琴）を学ぶコースもある。

DATA

行き方：BTSプロムポン駅より徒歩7分
住所：15/2〜3 Soi 35, Sukhumvit Rd
HP：http://itda.hypermart.net/
観光コース問い合わせ：電話662-1191~2（月、水、金は日本人スタッフがいる）

📝 タイ語短期学習

●バンコクでタイ語駅前留学

バンコクには外国人を対象としたタイ語学校が何校もあり、半年、1年と腰を落ちつけて勉強したい人、休暇を兼ねて短期集中で学びたい人など、さまざまなニーズに応えることができる。日本に比べれば受講料も格安だ。

レッスンのスタイルは、大きくグループレッスンとプライベートレッスンに分けられる。自分のスケジュールを優先し、短期集中で学びたい人は、やはりプライベートレッスンということになるだろう。

●短期での受講も可能

プライベートレッスンは最初に20時間、30時間とまとまったレッスン分の受講料を払い、自分の好きなようにスケジュールを組むのが一般的。教師のスケジュールさえ合えば、たいてい申し込み当日からでも受講できる。

「5日間しかないんだけど…」という場合も、学校によっては1日6時間×5日間で30時間分を消化、という強行スケジュールも組める。「30時間も使いきれない」という場合は残った分を捨てることになるが、割高になっても必要な時間数のレッスンのみで受け付けてくれる学校もある。何ごとについてもフレキシブルなタイ。相談すれば、柔軟に対応してくれる可能性はある。学校によって雰囲気や生徒層は異なるので、それも学校選びのポイントのひとつだ。

●短期の学習も効果あり？

肝心の授業内容だが、しっかりしたレッスンを行う学校もあれば、会話を楽しむ程度の学校までさまざま。教師の指導能力ややる気は、同じ学校内でもかなりの差がある。特にプライベートレッスンの場合は、学校の良し悪しよりも、教師の当たりはずれによって満足度に大きな差が出てしまう。あまり学校に多くを期待せず、自分で真面目に精進しよう。

短期の学習ではさすがに限界はあるが、これからタイをあちこち勉強するなら、さわりだけでも勉強しておくとずいぶん楽になる。まったくのタイ語入門者なら、多少なりとも日本で勉強していくと違う。

バンコクに腰をすえて長期で勉強したい人は、『タイで働く』（めこん刊）などを学校選びの参考にするといい。

タイ語短期学習

トンロータイ語学校　Tong Lor Thai Language School

MAP3 E-3

フレキシブルな学習スケジュール作りが可能

　BTSトンロー駅の目と鼻の先にあるタイ語学校。授業はプライベートレッスンが中心で、スピーキングおよびリーディング＆ライティングのコースがある。各コースはそれぞれ初級、中級、上級と3つのレベルに分かれていて、各レベルは30時間程度で修了。

　受講時間は1日に1〜3時間。1日に受講する時間数が多いほうが、受講料は安くなる。無理を言えば1日6時間といったスケジュールも組めるが、集中力がもたないのでおすすめしないとのこと。

　スクムビット通りという場所柄、生徒の9割は日本人。生徒層は日本企業の駐在員やその家族、若い語学留学生まで幅広く、落ちついた雰囲気だ。

　教室はビルの2、3階にあり少々暗い雰囲気だが、休み時間は教師といっしょにお茶を飲みながらおしゃべりしたりとアットホーム。リーズナブルな授業料のわりには、真面目に教えてくれる。申し込みは直接学校で。

　サートン通りのYWCA4階にあるシリパッタナータイ語学校は、トンロータイ語学校の姉妹校。生徒は若い日本人や欧米人の割合が高くなる。格安の授業料で人気だが、ややお気楽すぎる雰囲気で、バリバリ勉強したい人には不向き？　通学はバスか、BTSサラデーン駅から徒歩13分。シリパッタナータイ語学校の受講料は30時間9900B（1日1時間受講）、8000B（1日2時間受講）、6600B（1日3時間受講）、40時間7200B（1日4時間受講）。

DATA

受講時間：8:00〜17:00　定休：土日
※7:00〜8:00、17:00〜21:00は特別料金
電話：391-6358
住所：806 Sukhumvit Rd, Between Soi 36 and 38, 2nd Floor Kitti-Phornlada Clinic
受講料：30時間10,500B（1日1時間受講）8700B（1日2時間受講）7900B（1日3時間受講）

タイ語短期学習

AUAランゲージセンター　AUA Language Center

「聞く」レッスンで自然なタイ語を身につける

　ひたすら「聞く」ことによってナチュラルなタイ語を身につけようという、独特の学習メソッドを採り入れている学校。「サワディー」から会話を学ぶ普通のタイ語学校を想像してくると、間違いなく戸惑うだろう。

　授業は2人のタイ人教師が繰り広げるタイ語でのやりとりを、とにかく「聞く」というもの。授業はタイの文化や生活をテーマにした内容で、ときにはゲームやタイ料理の実演なども飛び出して、漫才のようにテンポよく進められていく。テキストや宿題は一切なく、単語を暗記する必要もない。入門者はまずこの「聞く」レッスンを800時間受講し、その後初めてタイ語を話すことを許される。

　じっくり時間をかけてナチュラルなタイ語を身につけようという方針なので、本来短期学習者向きではないが、タイ文化への理解も深まる楽しい授業は、参加してみる価値がある。

　授業は10名程度が参加するグループレッスン。受講者の国籍や年齢層も幅広く、明るく広々としたキャンパスで束の間の学生気分にひたれるのも魅力のひとつ。レッスンは1回ごとに完結しているので、いつからでも始められ、授業料が安いこともあって人気は高い。

　なおAUAのチェンマイ校ではごく一般的なグループレッスンとプライベートレッスン（1時間250B）を行っている。教え方もていねいで評判はいい。

DATA

行き方：BTSラーチャダムリ駅より徒歩5分
住所：179 Rachadamri Rd
電話：252-8170　HP：www.algworld.com
受講時間：月～金7:00～17:00、18:00～20:00　土9:00～12:00、13:00～16:00
受講料：1～29時間／1時間150B、30～199時間／1時間92B　200時間／1時間78.2B

バーン・パーサータイ　Baan Phaasaa Thai

MAP2 F-2

短期滞在者向けのコースを用意

ごく一般的なタイ語学校だが、1週間程度の短期滞在者のために14時間のショートコースを設けているので、さわりだけタイ語を勉強したい人にはぴったり。プライベートレッスン以外に、最大6人までのグループレッスンもある。生徒は欧米人が多い。BTSプルンチット駅からすぐ。

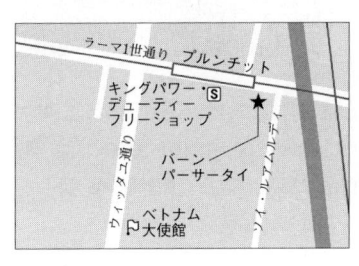

DATA

開：7:30〜20:30　定休：土日（例外あり）
行き方：BTSプルンチット駅より徒歩1分。
建物の入口は、大通り沿いにある
電話：251-2842
受講料：ショートコース3850B（14時間。テキスト代100B）

ベルリッツ　Berlitz Language Center

MAP4 C-2

レッスン内容には定評あり。各国語の学習も可能

世界50カ国に展開し、日本でもおなじみの語学学校。受講料は高いが、確かなレッスン内容で知られている。タイ語プライベートレッスンの申し込みは20時間から。セミプライベートレッスン、グループレッスンもある。タイ語以外に英語、中国語、フランス語、イタリア語、韓国語など9カ国語を学ぶことができる。生徒は英語などの外国語を学ぶタイ人が多い。

DATA

シーロム校：ユナイテッドセンター2階
　　　　　　電話231-1222
行き方：BTSサラデーン駅より徒歩4分
受講料：タイ語プライベートレッスン640B
（1レッスン45分、20時間より）
スクムビット校：タイムズスクエア2階
　　　　　　　電話255-6070

瞑想

ワット・マハータート Wat Mahathat

MAP5
A-3

外国人も参加できる瞑想教室を開催

　瞑想は日本や欧米ではニューエイジ系の「癒し」的な感覚でとらえられ、興味をもつ人は少なくない。そんな宇宙的なものかどうかは不明だが、バンコクで瞑想法の修行に取り組めるのがワット・マハータートだ。

　場所はタマサート大学やワット・プラケオのすぐ近く。瞑想法修行の教室を毎日行っていて、誰でも気軽に参加できる。瞑想教室は、毎日7:00～10:00、13:00～16:00、18:00～20:00の3回。参加者はほぼ全員タイ人だが、外国人も自由に参加できる。開始時間の少し前に、ワット・マハータートの「セクション5」に直接出かければいい。

　ただしこれは外国人を対象としたものではないので、突然行っても何をどうすればいいのかさっぱりわからない。たいてい英語のできる担当者がいて、うろうろしているとすぐに声をかけてくれるので、瞑想に参加したいことを言い、いろいろ教えてもらおう。特別な準備は不要だが、動きやすい服装が好ましい。

　また1カ月、2カ月と期間を定め、腰を落ち着けて長期間の瞑想修行に取り組むこともできる。希望者はまずセクション5に出向き、用意するものなどに関して十分な説明を受けてから、申し込みをする。修行中は自由に外出したりすることはできないので、それ相応の心構えで行く必要がある。

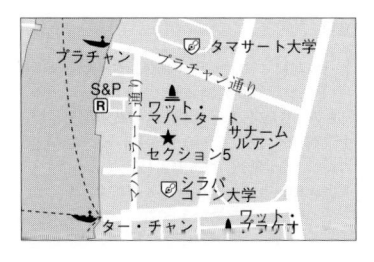

DATA

住所：Vipassana Meditation Center
Wat Mahadhatu Section 5 Maharaj Rd
電話：222-6011
行き方：エクスプレスボートのター・チャン船着場から徒歩5分。ワット・プラケオから徒歩8分。ワット・マハータートのセクション5へ

ムエタイ

ジッティ・ジム　Jitty Gym

外国人も修行に励む、カオサン至近のムエタイジム

バンコクには数多くのムエタイジムがあるが、特に誰かの紹介やジムに関する情報がない場合、最も簡単に入門できるのがジッティ・ジムだ。

場所は有名な安宿街「カオサン通り」のすぐ近く。すでに外国人旅行者にはよく知られている。

ここで修行しているのは、欧米や日本の若者がほとんど。トレーニングは誰でも参加でき、いつからでも始められる。少しだけムエタイの世界をのぞいてみたいという人なら、3時間だけの半日入門が手軽。本格的にムエタイ修行をしたい人は、長期間の修行に取り組むこともできる。またこのジムでは女性もトレーニングに参加でき、女性のムエタイチャンピオンが誕生したこともあるそうだ。

裏通りにある小さなジムで、リングは半屋外。トレーニングは路上で行う。トレーニングは運動不足の人には相当きつい内容で、冷やかし半分で参加したら泣きを見るかも。

ムエタイは神聖なスポーツなので、ヘラヘラ遊び半分で参加するとひんしゅくを買う。当日は体調をしっかり整え、真面目にトレーニングに取り組もう。興味がある人は、まず見学をさせてもらうといい。

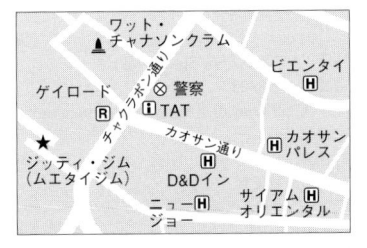

DATA

受講時間：月～土7:30～9:30、15:00～18:00
　　　　　日15:00～18:001
受講料：1セッション300B　1日500B　1週間2000B（1日2回）　1カ月6000B
行き方：チャクラボン通りにジムの看板が出ているので、その路地を入って行く

ダイビング

　自然を相手にするダイビングは、常に危険と背中合わせ。世界の海にダイバーとしてデビューするには、きちんと講習を受け「Cカード」を取得しなければならない。

　タイでダイビングといえば、思いつくのはプーケットやピーピーといった南の島だが、バンコクのダイブショップでもCカードが取得できる。講義およびプール講習をバンコクで行い、締めくくりの海洋実習のみパタヤなどで行なうというものだ。

　ダイビングは危険を伴うスポーツであり、講習で覚えることもたくさんある。英語が自由に操れる人以外は、講習内容を完全に理解できる日本語で受講できるショップを探すほうが安心だ。無事Cカードを取得したら、南の島に直行してファンダイブを思いっきり楽しもう。

ダイブ・バンコク　Dive Bangkok

MAP3 F-2

講習は日本語でOK。短期でのCカード取得も可能

　スクムビットにあるダイブショップ。日本語で講習が受けられ、教材も日本語のものを使用。集中して学べば、学科講習1日、プール講習1日、パタヤ海洋実習2日の計4日間でCカードの取得が可能だ。

◆講習の内容

学科講習（全10時間）：9:00〜19:00を1日　または17:00〜21:00を2〜3日間
プール講習（全6時間）：10:00〜17:00を1日　または18:00〜21:00を2日間
パタヤ沖海洋実習（2日間）：2日間　または日帰り2回
料金：13,000B
※詳細はホームページ参照

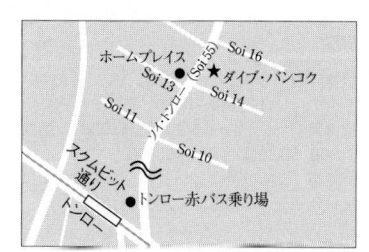

DATA

住所：440/9 Soi 55, Sukhumvit Rd
電話：392-6923
HP：http://www.dive.bangkok.th.com/index2.html
行き方：BTSトンロー駅近くから赤いバスを利用すると便利（3B）

Museum
博物館

オールドタイハウス
宮殿
博物館
美術館

オールドタイハウス

ジム・トンプソンの家 Jim Thompson Thai House

MAP2 B-1

タイシルクの歴史を今に伝える、運河沿いのチークハウス

　センセープ運河のほとりに建つ、高床式の木造家屋。かの有名なタイのシルク王、ジム・トンプソンがかつて住んでいた家だ。

　敷地にはチークで造られた古い家屋が6棟あり、うち5棟はわざわざ古都アユタヤから船で川を運んできたもの。
洪水はもちろん、湿気や蛇、害虫などから家を守るため、いずれも高床式で建てられている。

　建物の内部に展示されているのは、主にジム・トンプソンが収集したタイやビルマ、カンボジア、中国などの古美術品。庭にもタイの仏像やチークの木彫りの置物、清朝の茶つぼなどが飾られ、食堂には細やかな浮き彫りが美しいテーブル、シャンデリア、食器棚が当時のままの状態で展示されている。書斎や、ベッドや鏡台の置かれた寝室も見学できる。

●ジム・トンプソンという人

　ジム・トンプソンは、1906年生まれのアメリカ人。もとは建築家としてニューヨークで活動していたが、第二次世界大戦後、タイに移住した。

　今でこそタイの特産品として有名なシルクだが、当時は田舎で細々と織られているくらい。国内でもあまり流通しておらず、品質も悪かった。

　しかしシルク産業に目を付けたトンプソンは、1948年にタイ・シルク・カンパニーを設立。品質やデザインを改良して、独創的なプリントのシルクを生み出した。

　さらに欧米に向けてタイシルを大々的に宣伝し、輸出を開始。その存在を世界に知らしめた。

しかし人生の頂点を極めた1967年。ジム・トンプソンは避暑に訪れたマレーシアのキャメロン・ハイランドでこつ然と姿を消した。

現場は周囲をジャングルに囲まれた逃げ道もない場所だったため、謎が謎を呼び世界中が大騒ぎ。情報提供者には懸賞金まで用意する事態となったが、結局現在に至るまで、その行方は杳として知れない。

ジム・トンプソンの失踪劇は、後に松本清張の小説『熱い絹』(講談社文庫) の題材となった。1枚のシルクもひと味違って見えてくる、バンコク旅行のお供におすすめの1冊だ。

●カフェやシルクショップも併設

敷地内には雰囲気のいいオープンカフェがあり、値段は高めだがお茶や簡単なタイ料理を楽しむことができる。カフェの隣ではシルクの布地や雑貨を販売するジム・トンプソンのショップが営業しており、観光ついでに買い物もできて至れり尽くせり。2階はエアコン付きの静かなカフェで、休憩には最適。ギャラリーもあり、現代美術などの個展を開催している。

館内は英語か日本語の無料ガイドについて見学することになるので、ポイントを押さえて見て回れる。アクセスも楽なので、ショッピングの合間にどこか1カ所だけ観光するのであれば訪れたい場所。

DATA

開館:9:00〜16:30　無休
入場料:100B　25歳以下50B
行き方:BTSナショナルスタジアム (サナームキーラーヘンチャート) 駅から徒歩5分。ソイ・カセムサン2の突き当たり手前左手
住所:6 Soi Kasemsan 2, Rama I Rd
電話:216-7368

🏛 オールドタイハウス

カムティエン・ハウス　Kamthien House

MAP3 B-1

北タイの生活が見えてくる、19世紀の木造家屋

　アソーク通りにひっそり建つ、チークの木造家屋。敷地には広いテラスのある母屋の他に、3つの大きな建物があり、いずれも北タイの様式で建てられている。もとはチェンマイにあった富豪の家を、この場所まで運んで移築したものだ。

　家々は赤土で作られた素焼きの瓦で屋根がふかれ、「ガーレー」という木彫りが切り妻の上に飾られている。庭やテラスには素焼きの水がめが置かれ、木陰には小さな祠が立っている。高く作られた床の下は、機織りなどをするスペースとして使われていたという。豪華さはないが、ここで人々が食事をし、水浴びをし、仕事をした、当時の生活を感じることができる。詳しい日本語の資料が置いてあるので、ガイドなしでも充実した見学ができる。

　カムティエン・ハウスは1963年、元地主によってサイアム・ソサエティに寄付された。「カムティエン」とはこの家を寄贈した女性の母親の名で、彼女はこの住居で生涯を送ったという。

　サイアム・ソサエティは1904年、バンコクで設立された学術団体。現在は月に2～3回、タイや周辺国の歴史や文化に関するレクチャーを開催し、不定期にタイや周辺国へのツアーを行っている。レクチャーやツアーのスケジュールや内容については、ホームページを参照。有料だが会員でなくても参加できる。図書館は会員のみ利用可。

DATA

開館：9:00～17:00
定休：日、月
行き方：BTSアソーク駅から徒歩6分
住所：131 Soi Asoke (Soi 21), Sukhumvit Rd
電話：661-6470
HP：www.siam-society.org

ククリット・タイハウス　Kukrit Thai House

静かな住宅地にひっそりと建つ、元首相の自宅

　タイの元首相、故ククリット・プラモート氏の自宅だったところ。2001年より、土日のみ一般公開されている。

　ククリット氏は政治家であり作家、そして実業家かつジャーナリストとしても活躍した、実に多才な人物。王族の出身で、若かりしころはイギリスに学んだ。

　第二次大戦後の1946年、国民議会議員に当選して政界入り。その後長きにわたって政治家として活動し、1975年には首相に就任。政治家としての任期中には中国との国交を樹立するなど、大きな実績を残した。

　政治活動の一方で、タイ語新聞の『サイアム・ラット』社を創設。社主兼論説主幹として執筆活動を開始する。また『王朝四代記』『赤い竹』『幾多の生命』といった小説も上梓。現代文学の傑作として高い評価を受け、日本でも『タイのこころ』(めこん刊) などが出版されている。

　家は2階建てのチークハウス。広々とした敷地に建ち、芝生が敷きつめられた大きな庭がある。晩年に取り付けたというエレベーターや、エアコン付きの部屋があるところは現代的。バスルームもそのまま残されている。

　ジム・トンプソンの家などに比べると観光客が見るべきものは少ないが、市内の観光地を見つくした人は、散歩も兼ねて訪れてみては。開館は土日のみ。

DATA

開館：土日祭日のみ。10:00～16:00
定休：月～金　入場料：50B
行き方：サートン通りからソイ・スアンプルーに入り、ソイ・プラピニットを右折。道なりに歩いて左側。ソイ・スアンプルーの入口から徒歩10分
電話：286-8185

🏛 宮殿

ウィマンメーク宮殿　Vimanmek Mansion

MAP1 B-1

建築技術の粋を極めた、世界最大のチークハウス

　素朴なジム・トンプソンの家やカムティエン・ハウスとは対照的に、天井が高く壮麗な木造建築物。3階建ての宮殿は釘を1本も使わずに建てられており、チーク材の建物としては世界最大と言われている。

　ウィマンメークは「雲の上」という意味。20世紀の始めにはラーマ5世の住居として使われていたこともあったが、ラーマ5世の崩御後に閉鎖。その後長く閉ざされていたが、1982年に改修され、ラーマ5世記念博物館として一般公開されるようになった。

　内部には81もの部屋があり、現在は30部屋ほどが公開されている。室内には当時の優雅な生活が目に浮かぶ家具やシャンデリア、食器などが展示され、バスルームにはバスタブも保存されている。

　宮殿内は個人で見学することはできないので、30分おきに出る英語あるいはタイ語のガイドツアーに参加する（9:45〜15:15に30分おき、所要50分）。

　宮殿に隣接して小さな屋外ステージがあり、毎日10:30、14:00の2回、剣を持った男性が闘う格闘技クラビクラボーンや、タイダンスのショーが約30分ほど開催される。わざわざ見に行くほどではないが、宮殿見学と併せて両方見られればベスト。

　広い敷地にはいくつもの建物があり、他にも古時計博物館、ロイヤルプロジェクト博物館などの見どころがある。ゆっくり時間をとって訪れたい。

DATA

開館：9:30〜15:15　無休
入場料：50B　※ワット・プラケオの入場券（200B）で入場可（1カ月間有効）
※短パンやミニスカート、ノースリーブでは入場不可。レンタルあり
住所：Rachawithi Rd, Dusit
電話：282-7111

スアンパッカード宮殿　Suan Pakkad Palace

美術品のコレクションが充実。コーン博物館も併設

　王族の迎賓館として建設された、タイを代表する木造建築。家そのものの美しさや文化財としての価値もさることながら、興味深いのは内部に展示された美術品のコレクションだ。

　展示品の多くは、この家の主であったチュムポット殿下夫妻が、趣味で収集してきたもの。芸術に理解の深かった夫妻は、入場料を若い芸術家の奨学金とするために、自らのコレクションを一般公開するに至った。展示物はクメールの仏像から陶磁器まで多岐に渡る。内壁に描かれたラーマキエン（古代インドの叙事詩『ラーマーヤナ』のタイ語版）の壁画も必見だ。

　中でも注目なのは、バーンチエン遺跡からの出土品。バーンチエンは東北タイの村で、先史時代の埋葬遺跡が発見され一躍世界の注目を集めた。ここに展示されている出土品は、紀元前5000年〜3000年頃のもの。古い時代のものはシンプルだが、時代が新しくなるにつれ模様が描かれた複雑な様式に変化していくのが手に取るようにわかる。遺体とともに埋葬された装飾品も、人骨とともに展示されている。

　敷地内には、タイ伝統の仮面劇コーンに関する展示物を集めた「コーン博物館」もある。小さな博物館だが、解説付きでコーンの主な演目が見られるCD-ROMコーナーがあり、コーンの仮面も多数展示されている。日本語のガイドがいて、いっしょに宮殿内を回ってくれる。

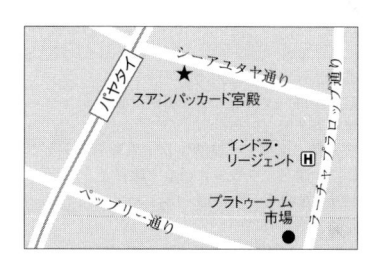

DATA

開館：9:00〜16:00
定休：日
入場料：100B
行き方：BTSパヤタイ駅より徒歩6分。シーアユタヤ通り沿い
住所：Sri Ayuttaya Rd, Phaya Thai
電話：245-4934

博物館

国立博物館　National Museum

MAP5 A-2

タイ最大の博物館でタイの歴史と文化を学ぶ

　タイ国内最大のコレクションを誇る博物館。遺跡からの出土品、仏像、美術工芸品など、タイの歴史や宗教、民族を知るうえで、貴重な資料が多数展示されている。

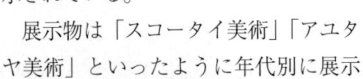

　展示物は「スコータイ美術」「アユタヤ美術」といったように年代別に展示され、先史時代から現代に至る移り変わりが理解しやすい。敷地にはいくつもの建物があるが、建物自体が文化財として価値を持つものも多い。

　ブッダイサワン礼拝堂は、スリランカからタイへ渡ってきたと言われる黄金仏プラ・ブッダ・シヒンを安置するために建てられたもの。国立博物館の最大の見どころのひとつで、内部にはブッダの前世を描く「ジャータカ」をテーマとした壁画が残っている。

　東北タイの村バーンチエンで発掘された、先史時代の埋葬遺跡からの出土品も見どころのひとつ。遺跡は紀元前約5000年のものと見られ、多数の副葬品や埋葬された人骨が出土した。

　ドヴァーラヴァティー、スコータイ、アユタヤといった各時代の仏像のコレクションは特に充実。中でも14世紀スコータイ朝の仏像や、ドヴァーラヴァティー朝の巨大な仏像は見事だ。

　丹念に見て回るなら半日くらい必要。毎週水曜日の9時半からは、ボランティアによる日本語ガイドツアーが行われる。参加は無料。

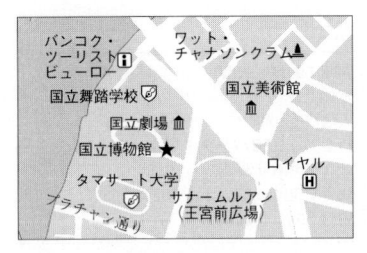

DATA

開館：9:00〜16:00（水〜日）
定休：月、火、祝　入場料：40B
無料ガイド（9:30〜）
日本語：水曜日　英語：水・木曜日　ドイツ語：木曜日　フランス語：水曜日
住所：Na Phrathat Rd
電話：224-1370

博物館

法医学博物館　Forensic Medicine Museum

MAP5 A-2

血生臭いもの好きが集まる、シリラート病院の小さな博物館

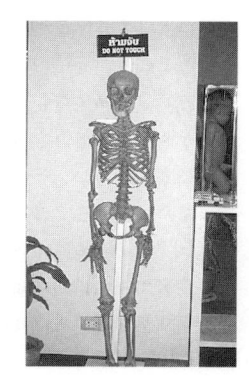

　今やバンコクの新名所となった、国立シリラート病院内の通称「死体博物館」。ひきちぎられた手足、入れ墨の入った皮膚、ホルマリン漬けの胎児など、誰のものかもわからない体の一部や臓物がたっぷりと展示されている。

　館内でまず目に飛び込んでくるのが、ガラスケースに入った黒くひからびた死体。連続強姦殺人などで死刑になった人間の遺体を樹脂で固めたもので、ケースには生前の写真も貼られている。その隣に展示されているのは、血がたっぷりしみこんだ殺人事件の被害者の遺品と洋服。別の展示ケースには、ぱっくりと2つに割られた人間の頭が。よく見ると、頭を撃ち抜いた銃弾が脳のどこまで達したのかがわかるようになっている。

　他にも弾痕生々しい被害者の慰留品や、犯罪に使われたナイフや銃弾も。事故現場でぐちゃぐちゃになった体など、現物が展示できないものはカラーパネルでリアルに紹介されている。

　この奇妙な博物館は、シリラート病院法医学研究所の付属施設。犯罪の原因解明のため、被害者の死因を調査する施設なのだ。こういうものを展示してしまうセンスは、さすが死体写真を新聞に掲載するお国柄だけのことはある。

　シリラート病院内には他にも何カ所か博物館があるので、職員に場所を聞くときは「Forensic Medicine」と言ったほうがいい。

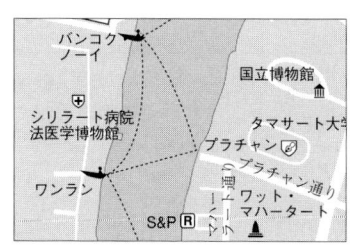

DATA

開館：9:00～16:00　無料（寄付制）
行き方：シリラート病院内。チャオプラヤー・エクスプレスのワンランかバンコク・ノーイ（ター・ロットファイ）で下船。またはプラチャン船着場から渡し船で対岸へ（2B）。大病院なので場所が非常にわかりにくいが、「博物館」の案内に従って進む

美術館

国立美術館　National Art Gallery

MAP5 B-2

タイ人アーティストの作品が満載

主にタイ人芸術家による絵画や彫刻が多数展示された美術館。

常設展は、タイらしく仏教をテーマにした絵画などが展示されている。また常設展の他に、新進の芸術家によるコンテンポラリーアートの個展も常に開かれている。

地図で見ると国立博物館の目と鼻の先にあるが、両者の間の道路は横断できないので、ぐるっと遠回りして行かなければならない。カオサン方面からは徒歩圏内。

場所がよくないこともあり、訪れる人はまばら。美術に造詣の深い人がどの程度満足できる内容かどうかは不明だが、タイの芸術の一面をのぞいてみるにはいい場所かもしれない。

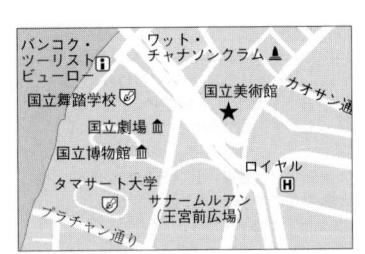

DATA

開館：9:00～16:00（水～日）
定休：月、火、祝
入場料：30B
住所：Chao Fa Rd, Pranakorn
電話：281-2639

Sightseeing
バンコク街歩き

お寺めぐり
景色を楽しむ
バンコクの散歩道
仏教世界に触れる
遺跡を訪ねる
伝統工芸に親しむ
テーマパーク

お寺めぐり

ワット・ポー Wat Po

MAP5 A-5

巨大な寝釈迦仏は必見。マッサージや占いもあるエンターテイメント寺院

観光客には古式マッサージが体験できることで有名な寺院だが（P.76参照）、他にも多数の見どころがある。

訪れる観光客をまず圧倒するのが、全長46メートル、高さ15メートルという巨大な寝釈迦像。長さ5メートルあるという平らな足の裏には貝殻を使った細かならでん細工が施されていて、指紋までがくっきり描かれている。壁際には108個の鉢が置かれているが、煩悩に見立てたコインをここに入れていくことによって、煩悩を消し去ることができるのだとか。

巨大寝釈迦仏に圧倒されて影は薄いが、ご本尊の安置される本堂もまた荘厳な空気に包まれている。本堂はラーマ1世によって建立されたもので、ご本尊の台座にはラーマ1世の遺骨が納められている。

ワット・ポーはタイで初めて大学が創設された場所。現在も古式マッサージの学校があり、タイ人に混じって多くの外国人も学んでいる（30時間7000バーツ）。境内にはコンクリートで作られた苦行僧の像がいくつもあるが、中にはマッサージを受けているユーモラスな姿のものもある。

ラーマキエンの壁画なども有名だが、寺にはいくつもの建物があり場所がわかりにくいので、見どころを網羅したい人はガイドを雇って回るといい。

この他にも占いありおみくじあり。もしバンコクで1カ所だけお寺を訪ねるとしたら、おすすめしたい場所だ。

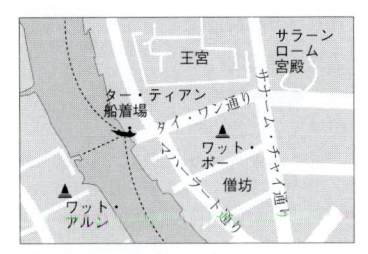

DATA

開館：8:30〜17:00　無休
入場料：20B
行き方：マーブンクローン、スクムビット方面からは、エアコン8番のバスなどで。チャオプラヤー・エクスプレスのター・ティアン船着場から徒歩3分
日本語ガイド：1時間150B（1人）200B（2人）

ワット・トライミット　Wat Traimit

長い時を経て姿を現した、時価15億円の黄金仏

何の変哲もない小さな寺に毎日大勢の参詣客が押し寄せるのは、ここに世界最大の黄金仏が安置されているからにほかならない。黄金仏は高さ3メートル、重さ5トンという巨大な金の固まりでできていて、その価値は時価15億円とも言われている。

この黄金仏は13世紀、スコータイ朝期に作られた。しかし戦乱の絶えない時代、敵の目を欺くため全身をしっくいで被ったため、いつの間にか本来の姿を忘れられてしまった。

黄金仏が一躍世間の注目を集めたのは1955年のこと。安置していた寺の取り壊しのため仏像を別の建物に移動することになったのだが、移動の最中、仏像が落下して表面に割れ目ができてしまった。すると割れ目から何やら光るものが見えるのでしっくいを取り除いたところ、太めで丸顔の仏像の中から、精悍な顔つきの黄金仏が現れた。

黄金仏の隣には、しっくいで被われていた当時の仏像の写真や、仏像を包み隠していたしっくいのかけらが展示されている。本堂には黄金仏の他にも金箔を貼られた仏像が何体かあり、金箔セットを購入すれば自分で金箔を貼って願かけをすることができる。

ワット・トライミットは現在タイの金取引の中心地であるチャイナタウンにあり、チャイナタウンのシンボル的な存在となっている。

DATA

開館：8:00～17:00　無休
入場料：20B
行き方：バスでヤワラート通りに行き、ヤワラート通りから徒歩。フアラムポーン駅からは徒歩8分

お寺めぐり

ワット・プラケオ　Wat Phra Kaeo

MAP5
A-4

エメラルド仏が祀られる王室寺院。ラーマキエンの壁画も必見

　連日多くの旅行者が訪れる、バンコク観光のハイライト。エメラルド色の仏像が安置されていることから、エメラルド寺院とも呼ばれている。

　エメラルド仏は高さ66センチの小さな仏像。エメラルド色のヒスイでできているが、いつ、誰が、どこで作ったのか、はっきりしたことはわかっていない。ある説によると、エメラルド仏は北タイの町チェンライで、落雷で破壊された仏塔から発見された。当初は全体がしっくいで被われていたが、あるとき表面に割れ目が入り、しっくいを剥がしたらエメラルド仏が姿を現したという。その後この仏像はあちこちを転々とし、最後に落ち着いたのがラオスのビエンチャンだったが、1785年、ラーマ1世がビエンチャンを攻略してバンコクへ持ち帰った。ラオ人にとってはけっこう怨念のこもった仏像であることをタイ人はあまり知らない。

　回廊に描かれたラーマキエンの壁画も見どころのひとつ。ワット・プラケオをぐるりと囲む回廊に描かれた壁画は全178面から成り、ひと続きの物語となっている。ラーマ王子の妻シーダー妃が誘拐され、魔王トサカンの国に連れ去られてしまう。ラーマ王子はハヌマーン率いる猿軍の助けを借り、長い闘いの末シーダー姫を救出。アヨーダヤー国に王として迎えられる…というのが物語の大筋。物語は回廊の北中央門から始まり、時計回りに進む。昼間は観光客があふれているので、朝早く出かけるとゆっくり見学できる。

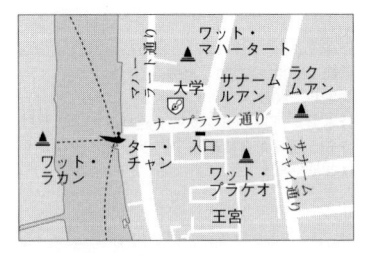

DATA

開館：8:30〜15:30　休：王室関連行事の日
行き方：サイアム方面からはエアコンバス8番などで。エクスプレスボートのター・チャン船着場からは徒歩3分
入場料：200B（ウィマンメーク宮殿の入場料含む）　※短パン、ノースリーブ、つっかけサンダルでは入場不可。レンタル無料

ワット・ラカン Wat Ra Kang

ワット・プラケオを対岸に眺める寺院

ワット・ラカンはチャオプラヤー川を挟んでワット・プラケオの対岸にある。ラカンはタイ語で「鐘」という意味。毎日、朝と夕方には、寺にあるたくさんの鐘が鳴り響くという。

近くにあるワット・アルンと同じくアユタヤ時代に創建されたものと言われるが、後に何回かの大がかりな改修工事が行われ、今ではすっかり新しい寺に生まれ変わってしまった。

境内にある木造の小さな建物は、ラーマ1世が寺に寄贈したもの。18世紀に建設されたチークハウスで、朱色に塗られた高床式の建物。どっしりした木の扉には細かな彫刻が施され、内部にはラーマキエンを題材とした壁画が描かれている。どちらもアユタヤ朝芸術の粋とも言われるものだが、壁画のほうは痛みが激しく、残念ながら多くは絵柄が判別できない状態だ。

参道では、生きたナマズやたにしをタライに入れて売っている。ペット用や食用ではなく、川に放してあげることによって徳を積むためのものである。

対岸のワット・プラケオとは対照的に外国人にはなじみがないが、お参りに来るタイ人で朝からにぎわっている。ワット・プラケオに来たら、ついでに足を伸ばしてみては。

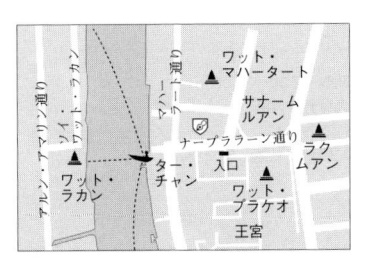

DATA

開館：5:00〜21:00　無休
入場料：無料
行き方：チャオプラヤー・エクスプレスのター・チャン船着場から渡し船（2B）。船着場から正面に歩き左手にある寺
住所：Soi Wat Ra Kang, Arun Amarin Rd

景色を楽しむ

ワット・アルン　Wat Arun

MAP5
A-5

チャオプラヤー川沿いの景色を飾る暁の寺

　チャオプラヤー川のほとりには数多くの歴史的建築物がそびえているが、そのシルエットの美しさで川辺の景色を彩るのがワット・アルンだ。

　アルンとはタイ語で「暁」を意味することば。その名のとおり夜明けから午前中にかけ、大仏塔は朝日を正面に浴びて最も明るく浮かび上がる。

　沈む夕日を背にする姿、夜間ライトアップされた姿もまた幻想的。タイを訪れた三島由紀夫も、後に小説『豊饒の海』にその姿を描いている。

　ワット・アルンはアユタヤ時代に建立された寺院だが、その後何度かの改修工事を経て、高さ約100メートルという現在の大仏塔が完成した。近くで見ると、仏塔の表面には実に細かな装飾が施されている。装飾に使われているのは中国製の陶器。中国製の陶器はかつて寺院の装飾によく使われたもので、破片をモザイク状に埋め込んだり、小さなお皿をそのまま貼り付けたりと工夫に富み、訪れた人の目を楽しませる。またインドラ神と、その乗り物であるエラワン神（3つの頭をもつ象）、猿神ハヌマーンなどの像も、数えきれないほど仏塔を飾っている。

　大仏塔は3層構造になっていて、2つのテラスがある。かつては急な階段を登って上のテラスにまで登ることができたが、残念ながら現在は閉鎖され、途中までしか登れなくなってしまった。

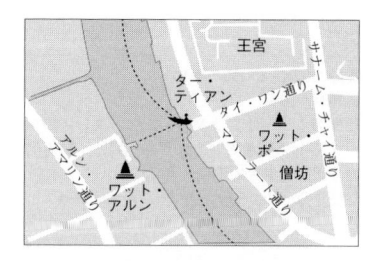

DATA

開館：7:00～18:00
入場料：20B
行き方：ワット・ポー近くのター・ティアン船着場より渡し船（2B）

プーカオ・トーン　Phu Khao Thon

MAP5 C-3

バンコクの町が一望できる黄金の丘

　プーカオ・トーンはタイ語で「黄金の山」を意味する。ワット・サケートの境内にある小高い丘で、頂上には黄金の仏塔が光り輝いている。

　この黄金の山は、アユタヤにあったプーカオ・トーンを模してラーマ3世が造った人工の丘。頂上にそびえる仏塔は、後にラーマ4世が建立したものだ。その後、山の側面はコンクリートで固められ、要塞のような現在の姿となった。第二次大戦中は日本軍が高射砲を据えて、連合軍と闘った場所でもある。

　プーカオ・トーンは平地が続くバンコクで、周辺が一望できる数少ないビューポイントのひとつ。頂上からはチャオプラヤー川や、その向こうにそびえるワット・アルン、古い家並みの残るチャイナタウン、シーロム方面のオフィスビル群までが見渡せる。頂上に登れる時間は決まっているので日の出や日没を眺めるのは無理だが、朝早めに行くと涼しくて気持ちいい。

　頂上へは丘をぐるりと回る長い石段を上っていく。運動不足の人にはちょっとしたトレッキング気分。周辺は中国系の住民が多く住む地域だが、石段に沿って、故人の写真を墓石にはめ込んだ中国人の墓が並んでいる。

　プーカオ・トーンの横のボリパット通りには、木製のドアなどを作る小さな家が集まっている。ワット・サケートはもちろん、周辺の散歩も兼ねて訪れたい。

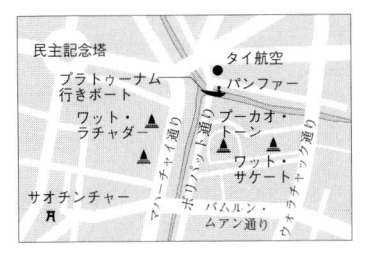

DATA

開館：7:30〜17:30　無休
入場料：10B
行き方：エアコン11番などのバスでパンファー橋下車。または運河ボートでパンファー橋へ。パンファー橋からボリパット通りを徒歩5分

バンコクの散歩道

スクムビット通り　Thanon Sukhumvit　MAP3

異国情緒が満喫できる、スクムビットの路地散策

　スクムビット通りは、大型ホテルやレストランが集まるバンコクの目抜き通り。このスクムビット通りから南北に伸びる細い路地（ソイ）には、外国人がかたまって住む場所があり、スポット的に攻めると軽い街歩きが楽しめる。タイに居ながら、どこか別の国に迷い込むような、不思議な空間だ。

　まずはソイ12にある「スクムビットプラザ」。一見何の変哲もない5階建ての建物だが、ここに集まるテナントは韓国系の店ばかり。韓国料理店やクラブはもちろん、韓国の食品や手作りキムチの店、ブティック、韓国エステ＆美容院、マッサージ店、韓国の本屋、ビリヤード場などがあり、ハングルのフリーコピー誌らしきものまで置いてある。ここを訪れたら「ガボレ」（P.28）などの韓国料理屋で食事を楽しんで、リトルソウルを満喫しよう。

　ソイ33/1は日本人街。日本の食品が揃う「フジスーパー」を中心に、「黒田」（P.35）などの日本料理屋や日本語書籍の東京堂、日本の貸本屋が連なっている。運転手つきの車でフジスーパーに買い出しに訪れる、リッチな駐在員ファミリーの様子が観察できるのもここだ。

　最も散策のしがいがあるのが、ソイ3とソイ3/1。「アラブ人街」と大ざっぱに呼ばれる一帯だが、実際にはアフリカやバングラデシュ、レバノン、ミャンマー、中国など雑多な民族が集まっていて、多くはイスラム教徒。レバノン料理、インド料理、エジプト料理とレストランもバラエティに富み、水パイプを置く店もある。レストランで出てくるタレや料理に、なぜかパクチーが入っているあたりにタイとの融合を感じるものの、外国でも揺らぐことのない、彼らのパワーを感じる一角だ。

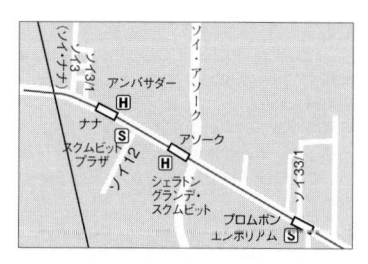

DATA

行き方
スクムビットプラザ：BTSナナ駅またはアソーク駅より徒歩5分
ソイ33/1（日本人街）：BTSプロムポン駅より徒歩3分
ソイ3/1（アラブ人街）：BTSナナ駅より徒歩3分

オリエンタル Oriental

MAP6 A-2

ヨーロッパ風の街並みに、19世紀のバンコクを偲ぶ

100年を超える歴史を持つオリエンタルホテルは、シンガポールのラッフルズ、香港のペニンシュラと並ぶアジアの名ホテルだ。

オリエンタルホテルの周辺は、近代になってバンコクに流れ込んできた西洋の歴史がつまった場所。周辺にはコロニアル調の建物が集まり、ぶらぶら歩きにはぴったりだ。

まずはオリエンタルホテルを見物。オーサーズ・レジデンスと呼ばれる旧館は、白いコロニアルスタイルの建物。かつて作家のサマセット・モームらが投宿したこともあり、現在はその名を冠したスイートルームがある。

アフタヌーンティーが名物のオーサーズ・ラウンジは、白でまとめられたインテリアに、明るい日がさし込む南国的な空間。壁にはモームらの写真がかけられ、ホテルゆかりの作家の作品を集めたライブラリーもある。

ホテルをひととおり見学したら、周辺の散歩もついでに楽しんでおこう。

船着場を降りて右手にあるクリーム色の建物は、イーストアジアテック社。オリエンタルホテルの創始者であるオランダ人が創設した企業だ。その並びには大聖堂のあるアサンプション学院。オリエンタルの隣にあるフランス大使館は、バンコクでも最も古い部類に入るという建物だ。

周辺にはオリエンタルプレイスの他に、おみやげやシルバーの店（P.63）が何軒かあるので、散歩がてらのショッピングも楽しめる。

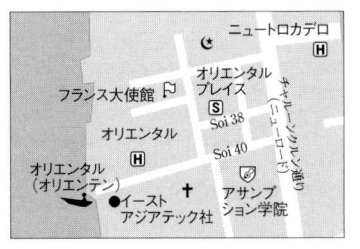

DATA

行き方：チャオプラヤー・エクスプレスのオリエンタル（オリエンテン）船着場からすぐ。バスの場合はチャルーンクルン通り（ニューロード）で下車し、徒歩3分。タクシーなどには「オリエンテン」と言うほうが通じる
※オリエンタルホテルはあまりお粗末な格好だと追い返されることもある

仏教世界に触れる

ソイ・バーンバート　Soi Ban Bat

下町で今も受け継がれる、お坊さんの鉢作り

朝早の町を、お坊さんが鉢を抱えて歩く托鉢。ごはんにおかず、飲み物などを、お坊さんの持つ鉢に入れて徳を積むというもので、スーツ姿のOLからおばさんまで、早朝の街角でお坊さんが来るのを待っている。バンコクで早起きする人は少ないだろうからあまり見る機会はないかもしれないが、マーブンクローン向かいの安宿街ソイ・カセムサンやスクムビット通りの路地でも、毎朝繰り広げられる光景だ。

バンコクの下町、ソイ・バーンバートには、托鉢のときお坊さんがもらったものを入れる鉢（バート）を作る家がある。

ソイ・バーンバートはプーカオ・トーンやサオチンチャー（大ブランコ）にも近く、子どもが裸で走り回るような下町のさらに裏通り。文字通りに訳すと「お坊さんの鉢の（ある）通り」となる。

一歩路地に入ると、カナヅチのトントンという音が聞こえてくる。職人の仕事場はほとんどが路上。路地を入っていけば、溶接をしたり、トンカチでトントン叩いて鉢の形を整える様子が見学できる。旅行者もしばしば訪れるので、手が空いていればタイ語で作り方を説明してくれたり、写真を撮らせてくれる。もちろん欲しければ鉢を購入することもできる。

現在、鉢づくりを行っているのはわずか数軒程度とか。消え行く伝統の技が見学できる、数少ない場所のひとつだ。

DATA

営業：作業が見学できるのは日中
行き方：エアコン11番などのバスでパンファー橋下車。または運河ボートでパンファー橋へ。パンファー橋からボリパット通りを徒歩13分。通りに「Monk's Bowl Village」と英語で小さな看板が出ている

仏教世界に触れる

ブッダ・マーケット　Bhudda Market

MAP5
A-3

幸運を招く、小さなお守りプラ・クルアン

瞑想修行の場として有名なワット・マハータートの周辺には、「プラ・クルアン」を売るお店が集まっている。

プラ・クルアンとは、身につける小さなお守りのこと。タイ人の男性が、ネックレスのように首からぶら下げているのを見た人も多いのでは。身につけていると幸運を招き、護身にもなるのだそうで、ムエタイの博打の胴元が何個もジャラジャラぶら下げているなんてこともある。

小さなお守りの表面には、仏様や高僧の浮き彫りが施されている。粘土の素焼きや金属性で型抜きして作ったものがほとんどだが、木彫りや銀製などもあり、デザインやサイズは実にバラエティー豊かだ。

プラ・クルアンは製作の過程で僧侶が入魂儀式を行うことによって、実に霊験あらたかなものとなる。中でも能力の高い僧侶によって入魂儀式が行われたものは銃弾も貫通しないとかで、何十万バーツもの高値がつくものもあるという。タイでは専門誌も出版される、一種のコレクターズアイテム。大きな虫眼鏡を持って、真剣に品定めする人も少なくない。

冷やかしで見ていると、なぜか欲しくなってくる小さなお守り。安いものは10バーツ程度なので、記念の品に楽しい。

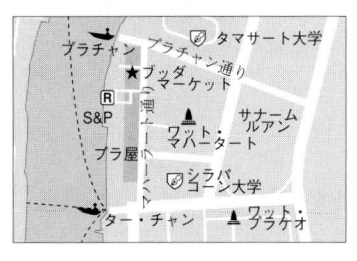

DATA

営業：〜18:00頃

行き方：ワット・プラケオから徒歩3分。国立博物館から徒歩4分。チャオプラヤー・エクスプレスのター・チャン船着場から徒歩3分。マハーラート通り沿いに店が出ている

バンコク街歩き

遺跡を訪ねる

アユタヤ　Ayuthaya

バンコク発の日帰り旅行で、古都アユタヤの遺跡をめぐる

アユタヤは14世紀から400年以上にわたって繁栄したタイの古都。チャオプラヤー川を利用した国際貿易都市としても栄え、日本人街があったことでも知られている。

18世紀、ビルマ軍との激しい戦闘で半ば廃虚となったが、現在もレンガ造りの遺跡が数多く残り、世界遺産にも登録されている。

町の中心はナレースアン通り。バスやミニバスの発着所、食堂、マーケット、ゲストハウスなどが集まっている。アユタヤ観光はバンコクから日帰りで十分。毎晩19時から21時には遺跡がライトアップされる。

●アユタヤ観光の足
◆トゥクトゥク

最も楽なのはトゥクトゥクをチャーターして回る方法。鉄道駅の周辺、バンコクからのバスが到着する場所など、旅行者がやって来そうなところで必ず待機している。チャーター料金の目安は1時間150バーツ程度。「私は1日2000バーツでチャーターしました」などと書かれた日本人のサインブックを見せてくる運転手もいるが、あんまり払い過ぎないように。

◆自転車

レンタサイクルは1日30〜50バーツ程度。ゲストハウスやレンタサイクル屋で借りられる。平地なので走りやすく、主な遺跡は距離的にそれほど離れていないので体力的にはきつくないが、日中は日差しが強いのであまりおすすめはしない。帽子が必要。

◆ボート

周囲を川に囲まれているアユタヤは、ボートでぐるっとひと回りできる。所要2〜3時間。500〜600バーツ。定員は6名。

遺跡を訪ねる

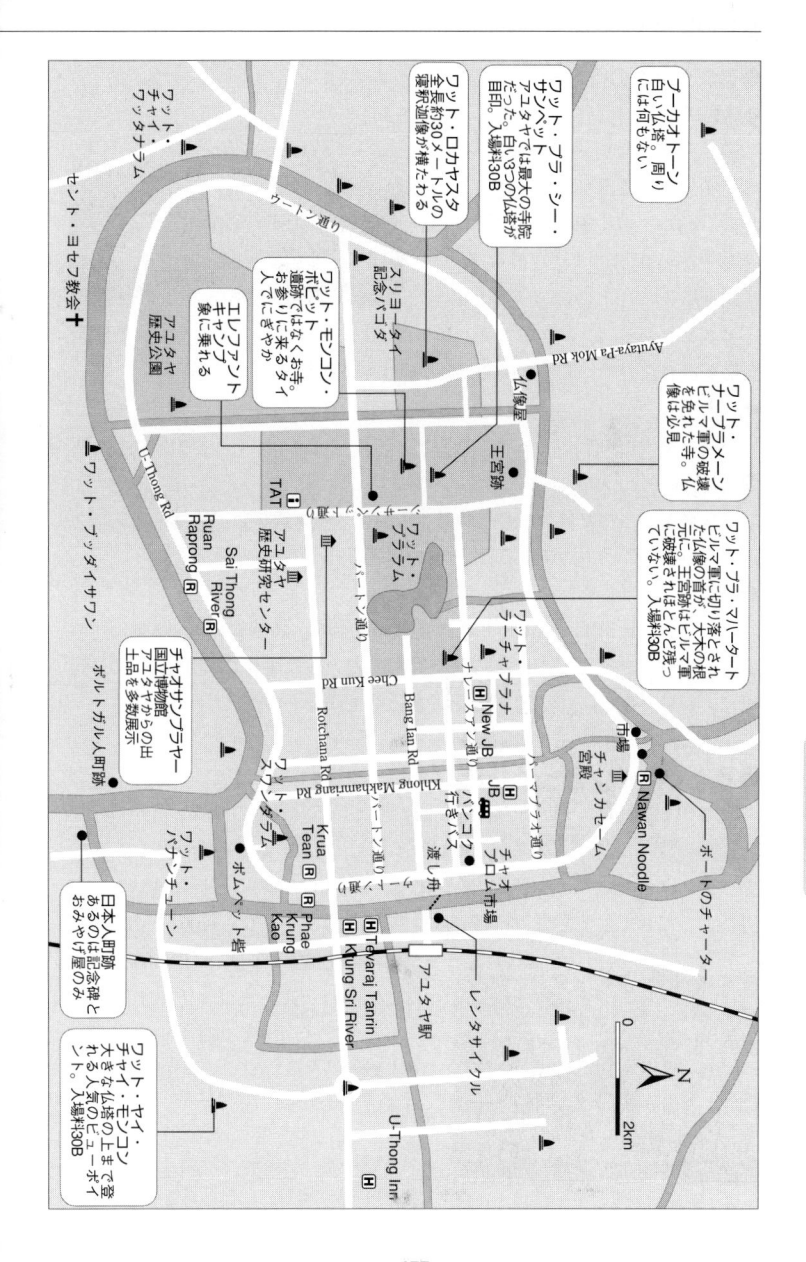

バンコク街歩き

ブーカオトーン、周り
白い仏塔を中心には何もない

ワット・プラ・シー・サンペット
アユタヤでは最大の寺院だった。白い3つの仏塔が目印。入場料30B

ワット・ロカヤスタ
全長約30メートルの寝釈迦仏像が横たわる

ワット・プラ・メーン
ビルマ軍の破壊を免れた仏寺。仏像は必見

ワット・プラ・マハータート
ビルマ軍に切り落とされた仏像の首が、木の根元に残る。王宮跡はビルマ軍に破壊されほとんど残っていない。入場料30B

ワット・モンコン・ボピット
遺跡ではなくお寺。お参りに来るタイ人でにぎやか

スリヨータイ記念パゴダ

エレファントキャンプ
象に乗れる

アユタヤ歴史公園

セント・ヨセフ教会

ワット・チャイ・ワッタナラム

チャオサンプラヤー国立博物館
アユタヤからの出土品を多数展示

ワット・プッタイサワン

ワット・パナンチューン

ワット・スワンダラム

日本人町跡
日本人町跡の記念碑とあるおみやげ屋のみ

ワット・ヤイ・チャイ・モンコン
大きな仏塔の上まで登れる人気のビューポイント。入場料30B

ウートン通り
Ayuttaya-Pa Mok Rd
仏像屋
王宮跡
TAT
Sai Thong River (R)
Ruan Rapong (R)
アユタヤ歴史研究センター
パートン通り
Chee Kun Rd
ワット・プララム
Rotchana Rd
Bang Ian Rd
Klong Makhamriang Rd
ナレスアン通り
New JB (H)
JB (H)
市場
王宮殿
Nawan Noodle
チャオプロム市場
ボートのチャーター
バンコク行きバス
ナワンカーム通り
Krua Tean (R)
Phae Krung Kao (R)
Tevaraj Tanin (H)
Krung Sri River (H)
アユタヤ駅
レンタサイクル
U-Thong Inn (H)

N
0　2km

🏠 遺跡を訪ねる

●アユタヤへの行き方
◆ミニバス

戦勝記念塔ロータリーの南東から約30分おきに出ている。所要約1時間。45バーツ。戦勝記念塔ロータリーへはBTSアヌサワリーチャイ駅下車。

アユタヤからバンコクへのミニバスはナレースアン通りから出る。戦勝記念塔が終点なので、すぐにBTSに乗り継げて便利だ。

◆バス

バンコクのモーチット・マイ（新北バスターミナル）から約30分おき。所要約1時間30分。エアコンバス41バーツ。

アユタヤからバンコクへのバスは、ナレースアン通り発。帰りにバンコク近郊から渋滞に巻き込まれると、かなり時間がかかることもある。

◆鉄道

フアラムポーン駅から4:30～22:00頃まで約40本。所要約1.5～2時間。列車によってはアユタヤでの停車時間が異常に短いので注意。3等15バーツ（列車によって異なる）。渋滞に巻き込まれる心配がないのがメリット。

●アユタヤへのツアー

アユタヤはバンコクからの日帰り観光地として大人気の場所。自分で行くことも可能だが、バンコクからの1日ツアーに参加すると観光に集中できて楽。アユタヤのツアーはどこの旅行代理店でも申し込める。料金はツアー内容によってさまざまだが、行き帰りにバスを使うツアーなら1000バーツ程度。カオサン発の安いツアーなら500Bから。お金に余裕がある人は、チャオプラヤー川を船でアユタヤへ行くツアーがおすすめ。料金は1700バーツ程度（P.126参照）。

バーンパイン宮殿　Bang Pa-in Palace

アユタヤ・ツアーで訪れる定番観光地

　バーンパイン宮殿は17世紀、アユタヤ朝の時代に国王の夏の離宮として建設された。周囲を川に囲まれた中の島にあり、当時は舟遊びに利用されていたという。その後長い間忘れさられていたものの、現王朝になってから、ラーマ4世によって再建された。

　芝生が敷き詰められた敷地内には、タイ様式、ヨーロッパ様式、中国様式と様々な建物が点在し、一部は博物館として公開されている。

　園内はカートをチャーターして走り回ることができる（400バーツ）。周辺を1周するボートツアーは9～15時に1時間おき（休日は9～16時、30バーツ）。

　バーンパイン宮殿に来たら、ついでに見ておきたいのが、ワット・ニウェート・タマプラワット。この寺院は川の向こうにあり、お坊さんが操作をする小さなロープウェーに乗って行く。ロープウェー乗り場は宮殿の入口を出たところにある駐車場の裏手。

　バンコクからは59キロ。アユタヤのツアーにはたいてい組み込まれているため、ツアーで行く人がほとんど。日曜日にはバンコクからバーンパイン行きのエクスプレスボート・ツアーが出る。ツアーはバンコクのマハーラート船着場を8時発（330バーツ）。空きがあれば、バーンパインからこのボートに乗ってバンコクに帰ることもできる（13時発）。

DATA

開館：8:30～15:30　無休
行き方：バンコクの北バスターミナル（モーチット・マイ）からバーンパイン行きに乗る。約1時間半。アユタヤからもバスが出ている。バスターミナルから宮殿まではやや距離があるので、トゥクトゥクなどを利用
電話：035-261-548

伝統工芸に親しむ

バーンサイ・アート&クラフトセンター　Bangsai Arts and Craft Center

伝統工芸ファン必見。おみやげも買える一大クラフト村

　タイ伝統の技と作品が一堂に会するクラフトセンター。伝統工芸の振興と農閑期の農民の生活支援を目的に作られたもので、タイ伝統工芸品の数々とその制作現場が見学できる。伝統工芸や民芸品に興味がある人なら、丸1日楽しめる場所だ。

　広大な敷地に見どころが点在しているので、全体を把握するためにまずはインフォメーションに行き、センターの地図をもらおう。センター内はミニ列車が巡回しているので、移動に利用すると便利（無料）。クーポン式の食堂のほか、センター内にはいくつかの食事処がある。

●センターの主な見どころ

◆トレーニングセンター　The Training Center

　一見工場のような白い大きな建物が何棟か並んでいて、それぞれの建物でガラス細工、陶器、仏像などを実際に制作している現場が見学できる。仏像、刺繍、コーンの面、ガラス工芸、あやつり人形なども作っている。

◆サーラー・プラミンクワン　Sala Pra Ming Kwang

　センターのメインビルディングで、大きなタイ式の建物。センター内やタイ各地で作られた民芸品の数々を販売している。陶器やシルクはもちろん、コットンのバッグやジャム、コーヒー豆、フルーツジュースなど豊富な品揃え。タイの民族衣装に身を包んだ女性による織物や糸紡ぎの実演、籐やリパオ草でのカゴ作りなども見学できる。良い品は当然高額だが、安心して買い物ができる。センター内では数少ないエアコンの効いた建物。

◆アート&クラフト・ビレッジ　Art and Craft Village

　屋外の広い敷地に、北タイ、中央タイ、東北タイ、南タイの4つの地域の伝統家屋を再現。傘造りや染色の実演や、お菓子や名物料理の販売をしてい

る。高床式の家の下にゴザを敷いてテーブルを並べ、カノムチーンなどの簡単な食べ物を出すお店もあり、ゴザに座ってゴロゴロできる。

●行き方

　バンコクの北バスターミナル（モーチット・マイ）から、アユタヤ行きかバーンパイン行きに乗ってセンター前で下車。バーンサイを通らないバスもあるので乗車前に確認。バーンパインやアユタヤからも乗り合いトラックがある。降りる場所がわかりにくいため、センターに行くことを言っておいて、着いたら教えてもらうほうがいい。

　帰りは大通りでバンコク行きのバスをつかまえるが、本数は少ない。センター北東の角からランシット行きのバス（約15分おき）に乗ってランシットに行き、バンコク中心部行きの市バスに乗り換える方法もある。ランシットはバンコク郊外、ドンムアン空港の近く。車掌にバンコクに行くことをよく言っておけば、バンコク中心部に行くバスに乗り換えできそうなところで降ろしてくれる（かも）。バンコク市内のバスルートマップを持っていくと、乗り換えの際に役立つ。帰りのバスの情報は、インフォメーションで聞いておこう。朝早く出ればバーンパイン宮殿も併せて1日で見学できるが、あまり遅くない時間に帰路につこう。

●バンコクからのツアー

　日曜日のみ、バンコクからチャオプラヤー・エクスプレスボートの1日ツアーが出る。ツアーはワット・マハータート近くのマハーラート船着場を8時に出発し、バーンサイ・アート＆クラフトセンターへ。その後バーンパイン宮殿を見学して帰ってくる。

　アユタヤのツアーに組み込まれているものもある。

DATA

開館：9:00～17:00
入場料：100B
住所：Bangsai, Ayuthaya
電話：35-366-668

伝統工芸に親しむ

クレット島 Ko Kret

素焼きとお菓子づくりが見学できる、モン族の小さな島

クレット島はチャオプラヤー川の中州にある小さな島。細い道が島の川沿いを1周し、その両側に小さな民家がぽつりぽつりと建っている。川沿いは水上集落になっていて、自家用の舟が停まっている。

ここはビルマから移り住んできたモン族が住む島。モン族とはいっても特別な民族衣装に身を包んでいるわけではなく、外見はタイ人と違いがないが、島では彼らが生業としている素焼きの壺作りとお菓子作りが見学できる。ピンクや紫のかわいいお菓子はバンコク市内でもよく見かけるが、多くはここで作られているそうだ。

素焼きはひと抱えもある大きな壺から魚の形のもの、色付けをしたものまでいろいろ。民家の軒先でろくろを回す様子や、色付けをする工房も見学できる。モン族はビルマでも壺作りで知られていて、ヤンゴン郊外のモン族の町でも、彼らの素朴な素焼きを見ることができる。

クレット島は外国人にはまだあまり知られていないが、タイ人には人気の観光地。週末は大勢の観光客が押しかけ、お菓子や素焼きの壺を大量に買い込んでいく。土日には島を1周するボートツアーが出るので、これに参加したければ週末に訪れるといい。静かな島を自分で散策したいという人は平日に行こう。

露店では素焼きの小さな壺にコーヒーやコーラを入れてくれ、魚のすり身揚げを葉っぱに入れたものを売っている。

島のランドマークは傾いた白いパゴダ。ここには島のメインの船着場があり、ツアーのボートも出る。対岸の町パークレットからもよく見えるので、ここを目印にして島へ渡ろう。

●島内の交通

島の道幅は狭く車は通れないので、タクシーはいない。数は少ないがバイクタクシーを見かけるので、自分で回る人は利用すると楽。1周するとなるとかなり距離があるので、歩いて回るのは無理。

●島内ツアー

土日はボートで島の見どころをめぐるツアーが出ているので、これに参加するのが便利。9時から2時間おきに出発し、所要1時間30分。1人40バーツ。ツアーはまずタイ音楽の生演奏がある水上家屋のレストランへ。ここでは色とりどりのお菓子を販売していて、お菓子づくりも見学できる。その後さらに似たようなお菓子屋に寄り、最後に陶器作りの村へ。ここはメインの船着場から近いので、歩いて船着場へ戻る。ツアーのチケット売り場ではクレット島の地図もくれる(タイ語)。

●クレット島への行き方

まずはバスでパークレットへ(1時間30分程度)。ノンタブリーまでチャオプラヤー・エクスプレスで行き(1時間15分程度)、パークレット行きのバスに乗り換えてもいい。パークレットではジャスコのある三叉路で下車し、サムロー(三輪自転車)に乗ってクレット島行きの船着場へ。ここから渡し船でクレット島へ渡る(2バーツ)。バスを降りて大通りをそのまままっすぐ歩いても船着場に出るが、ここから出るのはワット・ヤイ行き。途中クレットにも寄るが、メインの船着場ではないので注意。

●クレット島へのツアー

バンコクからは、日曜のみチャオプラヤー・エクスプレスでクレット島へ行くツアーが出ている。ツアーはワット・マハータートに近いマハラート船着場発。

テーマパーク

ムアンボーラーン　Muang Boran

タイの名所が勢揃い。サイクリングも楽しめる巨大テーマパーク

　タイ各地にある名所旧跡や歴史的建造物を、スケールダウンして精巧に再現したテーマパーク。広大な敷地には100を超える寺院や宮殿、タイ各地の伝統家屋が建てられている。苔むし方といい古ぼけた感じといい、本物といってもわからないほどリアルだ。

　入口から少し歩くと、バンコク・ヤンナワーの街市が再現されていて、おみやげやお菓子の実演販売のほか、影絵や人形劇場などがある。さらに地図を片手に進んでいくと、ピマーイ周辺のクメールの遺跡、カオプラウィハーン、ドヴァーラヴァティー朝の仏像などが所々に出現する。

　園は地図がなければ遭難するくらい広く、ゴミゴミ感はまったくなし。すべての建造物が風景の中に溶け込むよう、ポツリポツリと建っている。気候のいい時期なら、小鳥のさえずりを聞きながらのサイクリングが楽しい。

　敷地は広大なので、歩きで回るのは相当体力のある人でないと無理。自転車は園の入口付近で1日50バーツで貸し出している。日差しが強いので、日傘や帽子、日焼け止めが必要。飲み物や食べ物を買えるところはあまり多くないので、水くらいは入口付近にある売店で買って持って歩いたほうがいい。地元の人は車で来て、そのまま車で園内を回っている。自転車で回るなら、暑さの厳しい暑期は避けたほうが無難。

　バンコクからはツアーも出ているが、バスとミニバスを乗り継いで自分で行くこともできる。通り沿いの入口からは内部の建造物などはまったく見えないので、ミニバスの運転手にムアンボーラーンで降りることを言っておこう。

DATA

開館 8:00～17:00　無休　入場料：50B
行き方：エアコン11番のバスで終点パークナーム下車。少し歩いて36番のミニバスに乗り、進行方向左手にあるムアンボーラーン前で下車(5B)。ミニバス乗り場は分かりにくいので、バスターミナルで「ムアンボーラーンに行く」と言って聞いたほうがいい

Appendix
バンコク歩きの豆知識

バンコクのホテル

バンコクでインターネット

現地ツアーを利用する

空港から市内へ

バンコク市内の交通

知っておくと便利な場所

バンコク基本情報

バンコクのホテル

　観光都市バンコクには星の数ほどホテルがあり、予算や宿泊したいエリアに応じて選択の幅は広い。どんなホテルに泊まるかは、旅の印象を左右する重要な問題。ショッピングや観光に便利なホテルを選び、快適な部屋に少しでも安く泊まりたい。

●どのエリアに泊まる？

　バンコク滞在中はショッピング、という人なら、やはりBTS（スカイトレイン）の駅の近くが便利。具体的にはソイ・カセムサン（ナショナルスタジアム駅）、スクムビット通り（ナナ駅、アソーク駅、プロムポン駅）、シーロム通り（サラデーン駅）などだ。もちろんサイアム駅やチットロム駅の近くは便利だが、安ホテルは少ない。

　世界のバックパッカーに有名なのが「カオサン通り」。1泊200〜300バーツを中心に、安宿がたくさん集まっている。決して不便なロケーションではないものの、バンコク中心部からはやや離れるのが難。

●中・高級ホテルに安く泊まるには

　長期滞在するならともかく、1泊500〜600バーツ以下の安ホテルでディスカウントに応じてもらうのはまずムリ。1000バーツくらいのホテルまでは、まず値引きなしと思おう。

　ただし1泊2000〜3000バーツを超えるような中・高級ホテルの場合は、予約をして行けばパンフレットなどに印刷してある定価よりも、実際はかなり安く泊まれる。

　ホテルの予約は、次のような方法で行う。なお予約なしで行く場合も、レセプションでディスカウントを頼んでみよう。長期滞在者のために、ウイークリー、マンスリー料金を設定しているホテルも多い。なお、中級以上のホテルは、宿泊料金にサービス料10％、付加価値税7％が加算される。

☞ 日本で予約する

　HISのような旅行代理店ではホテルの手配も行っているので、航空券といっしょにホテルを予約することも可能。中・高級ホテルなら、かなりリーズナブルな値段で予約できる。

　またホテル予約専門の代理店で、航空券とは別にホテルだけを予約することもできる。1泊3000円程度のホテルからインターネットで検索と予約がで

き、取り扱いホテルも多い。ホテルによっては飛び込みで行くよりもかなり安くなるので、利用価値はかなり高い。ホテル情報の検索や申し込みは、各社のホームページでできる。
・ジェイエッチシー　http://www.jhchotel.com/
・アップルワールド　http://www.appleworld.com/

☞ バンコク市内の旅行代理店で予約する

一般的に、最も割引き率が高くなるのは、バンコク市内の旅行代理店で予約をする方法。ホテルによっては、正価の半額以下になるところもある。旅行代理店は、観光客が多いエリアやBTSの主な駅などにもある。現地で時間に余裕があるなら、とりあえずどこかに1泊し、その後バンコク市内の旅行代理店でよさそうなホテルに予約を入れてもいい。

☞ ドンムアン空港で予約する

ドンムアン空港のホテル予約カウンターで予約を入れても、飛び込みで行くよりは割り引きになる。もし希望のホテルがここで予約できるのなら、利用してみるのも手だ。

●長期滞在はサービスアパートが得

バンコクが気に入って、「1カ月滞在したい！」という人なら、ホテルではなくサービスアパートを利用する方法もある。

サービスアパートとは、日本で言うマンションやアパートに掃除やベッドメイキングなどのサービスをプラスしたもの。敷金が必要となるが、1カ月程度の滞在から貸してくれるアパートもあり、中には1泊からでもOKのところもあるので旅行者でも利用できる。レストランやプール、フィットネスクラブまで備わった一流ホテル顔負けのアパートもある。

●予約は必要？

ホテルの数は多いので、どこにも泊まれないということはまずない。

ただし2〜3月のハイシーズンは、スクムビット通りなど便利な場所にある人気ホテルは満室になってしまうこともしばしば。またドンムアン空港のホテル予約カウンターで予約できる、場所のいいホテルがすべて満室になってしまうこともある。バンコク到着が遅い時間になる場合は、1泊だけでも予約を入れていくと安心だ。

ソイ・カセムサン1

　ラーマ1世通りを挟んで、マーブンクローンセンターの向かいにある「ソイ・カセムサン1」。目立たない通りだが、1泊500〜800バーツ程度の安ホテルが集まる人気のホテルエリアだ。BTSの「ナショナルスタジアム（サナームキーラーヘンチャート）」駅を降りてすぐ、しかもマーブンクローンが目の前という立地が魅力。屋台もちらほら出ている。

　安いだけあって、部屋や設備、サービスはそれに見合った程度のもの。普通の観光ホテルを想像してくると、間違いなくがっくりくる。しかしエアコンやホットシャワーはついているし、客層も健全な旅行者が中心なので女性でも安心。最低レベルはクリアしたいが、できる限り安くすませたいという人にぴったりだ。

　同じホテルでも部屋によって当たりはずれが大きいので、そのあたりは運しだい。エアコンは各部屋で温度調節できないのが普通だ。

　BTSが開通してさらに人気がアップしたエリアだが、ホテルの数はそれほど多くないので、2〜3月のハイシーズンは部屋が取りにくいこともある。また安ホテルなので、長期滞在する以外、値引きはまずムリ。旅行代理店でも取り扱っていない。ホテルによってはウィークリー、マンスリー料金を設定している。

レノ　Reno

　バンコクの老舗ホテル。建物や部屋の設備そのものは相当古いが、内部は改装されているので気にならない。部屋はゆったりしていて清潔。ロビーを抜けたところには大きな屋外プールがあり、朝から欧米人旅行者がプールサイドでくつろいでいる。1階のカフェレストランも雰囲気がよく、夜はしばしばバンドが入る。このエリアでは、コストパフォーマンスの高いホテルのひとつ。ツアーカウンターあり。

S660B〜　W780B〜
（朝食付）
TEL 215-0026
FAX 215-3430

ホワイトロッジ　White Lodge

　アットホームな雰囲気のゲストハウス。部屋には余計なものが一切ないが、清潔感があり、窓があるので明るい。スタッフも親切なので、安心して滞在できる。ただし部屋の廊下側が窓でカーテンで仕切られているのが少し気になるかも。またエアコンの調節ができず、エアコンを消すと電気まで消えてしまうのが難。ホットシャワーつき。

S400B　W500B
TEL216-8867
FAX216-8228

特に記載のないものはエアコン付き。S…シングル　W…ツイン、ダブル

ムアンポン・マンション　Muangpol Mansion

　ソイの一番手前にある、9階建てのホテル。建物が古いのにほとんど改装されておらず、ロビーや廊下、部屋は薄暗くてほこりっぽい。しかし値段のわりには広々としていて窓もあり、シャワールームにはバスタブもついている。タイ人の観光客やビジネスマンの利用も多い。1階のレストランは24時間営業。料金は高いがインターネットのできるパソコンがあり、日本語の読み書きOK。

S400B〜　W500B〜
TEL215-0033
FAX216-8053

ベッド&ブレックファースト　The Bed & Breakfast

　安いがタオルがついていて、掃除も毎日してくれる。パンと日替わりフルーツ、コーヒー程度の簡単な朝食が付くのが貧乏人には魅力。部屋は狭いが清潔で、受付のある1階も明るく雰囲気がいい。

S380B　W550B
（朝食付）
TEL 215-3004
FAX 215-2493

エーワンイン　A-One Inn

　経営者は感じのよい人で、以前から日本人の利用が多いホテル。部屋はシャワールームが狭く、建物の内部も狭苦しい感じ。パソコンが何台もあって、日本語でインターネットができる。

S500B〜　W550B〜
TEL215-3029
FAX216-4771

ウェンディ・ハウス　Wendy House

　週極め料金は、S2520バーツ／週　W3465バーツ／週。比較的安いので人気があり、満室のことも多い。小さなマッサージ屋兼美容院を併設。

S400B　W500B
TEL 216-2436
FAX 312-3487

プラニー　Pranee

　入口はソイ・カセムサンから少し奥まったところにある。ラーマ1世通りに面した食堂を通り抜けて行くこともできる。あまり目立たない場所にあるためか客は少なく、部屋がとりやすい穴場の宿。部屋は窓があって明るいがあまり清潔感がなく、ベッドのマットもヨタってへこんでいる。

S400B　W500B
TEL 216-3181
FAX 215-0364

クリッタイ・マンション　Krit Thai Mansion

　国立競技場向かい、ラーマ1世通りに面したホテル。外観は古ぼけているが、内部はそこそこで部屋は広い。2階のレストランも落ち着ける。大通りに面しているので、部屋によっては多少音が気になるかもしれない。朝食抜きだと50バーツ安くなる。18,000バーツ／月　4725バーツ／週

S/W800B（朝食付）
TEL 215-3042
FAX 216-2241

●サービスアパート

パトゥムワン・ハウス　Patumwan House

　ソイ1の突き当たりにある、まだ新しいサービスアパート。アパートとして長期滞在する人がほとんどだが、部屋に空きがあれば1泊からでも泊まることができる。1泊900バーツから。ただし通常安い部屋は埋まっているため、1泊1000バーツ以上は覚悟。高級ホテル並みとまではいかないまでも、この界隈の他の宿とは一線を画し、部屋や設備も他を寄せ付けない高水準。テレビ、冷蔵庫はもちろん、キッチンには電気調理台もついている。部屋は広くて清潔で、大きな窓とベランダがある。

900B～／1日
11,500B～／月
TEL 612-3580
FAX 216-0180

特に記載のないものはエアコン付き。S…シングル　W…ツイン、ダブル

スクムビット通り

　中・高級ホテルやおみやげ屋、各国料理のレストランが集まるバンコクの目抜き通り。日本人をはじめ外国人が多く住むエリアでもある。穴場的レストランを探して食べ歩いたり、個人経営のブティックや雑貨屋めぐりをしたいという人には便利。特ににぎやかなのは、BTSナナ駅からアソーク駅にかけて。プロムポン駅からさらに東になると、駅前以外は人通りも少なく静かになる。
　スクムビット通りの宿泊施設は中・高級の大型ホテルが中心だが、1泊1000バーツ以下で泊まれるホテルも何軒かある。安ホテルには連れ込み宿も多い。

シティ・ロッジ City Lodge

　スクムビット通りソイ5にあるアマリ・ブールバード・ホテルと同じアマリグループのホテル。スクムビット通りに2軒、BTSナナ駅とBTSアソーク駅のすぐ近くにある。どこに行くにも便利で、周辺は夜もにぎやか。部屋は清潔で、テレビやミニバーも付いている。
　こぢんまりしたホテルでレセプションは狭いが、対応はていねい。スクムビットで1泊1000バーツ程度の部屋を探している人にはおすすめ。アソーク支店のほうが大きく、2階にイタリア料理店が入っている。

S1000B　W1200B
(税・サ別)
ナナ店
Soi 9, Sukhumvit Rd
TEL253-7705
FAX255-4667
アソーク店
Soi 19, Sukhumvit Rd
TEL254-4783
FAX255-7340

ステイブル・ロッジ Stable Lodge

　欧米人旅行者の圧倒的な支持を得るホテル。南国的で、明るく開放的な雰囲気が人気。部屋にはベランダがある。プールサイドでは旅行者がくつろいでいる。ステーキレストランも人気。

Soi 8, Sukhumvit Rd
S/W895B～(5～9月)
S/W1050B(10～4月)

PSゲストハウス PS Guest House

　ゲストハウスというだけあって、広い民家に泊まっている感じ。部屋は2ベッドルームのみだがとても広く清潔で、電話や冷蔵庫もついている。カーテンやベッドカバーもかわいい。入口や受付はちょっと狭いが、スタッフも親切で安心して泊まれる。ソイ8の入口から徒歩5分とやや距離があり、夜は少々暗いのが難。

W800B
26/1 Soi 8,
Sukhumvit Rd
TEL653-3680
FAX653-3424

プルミエール・トラベロッジ　Plumier TraveLodge

ソイ8を入ってすぐ左側にある、こぢんまりとしたホテル。とても場所がよく、テレビやエアコン、冷蔵庫もついているわりに、安いのが魅力。スタッフも親切。ただし何となく薄暗い雰囲気が漂い、フロアに敷かれたカーペットも薄汚れているので、少々不気味に感じる人もいるかも。

S650B〜　W800B〜
170-170/1 Soi 8,
Sukhumvit Rd
TEL251-3031
FAX253-3195

タイパン・ホテル　Tai-Pan Hotel

ゆったりとした部屋は明るくて清潔。フィットネスやプールがあり、レストランの格安ビュッフェも評判だ。リーズナブルな料金を考えると、満足度は高い。立地は悪くないが、ソイ23を少し歩いたところにあり、周辺は静かな環境。至近距離には雑貨屋や有名なレストランが何軒かある。BTSアソーク駅から歩いて約8分。飛び込みで行くと2000バーツくらい。

S/W1200B〜
25 Soi 23,
Sukhumvit Rd
TEL260-9888
FAX259-7908
（税・サ別）

アトランタ　The Atlanta

1950年代創業という長い歴史をもつ。とにかく古いので機能性や快適さを求める人にはおすすめできないが、年代もののシャンデリアやフロアライト、壁の絵画やドアノブなど、すべてにホテルの歴史を感じ、昔のバンコクにタイムスリップしたよう。客層はほぼ100％が欧米人で、家族連れも利用している。ホテル自慢の屋外プールは、ホテルのプールとしてはバンコクで最も古いという。場所はソイ2の突き当たり手前右側。ツアーデスクあり。安い部屋はファンのみ。

S300B〜　W400B〜
（ファン）
S450B〜　W550B〜
（エアコン）
（税・サ別）
Soi 2, Sukhumvit Rd
TEL254-3572
FAX254-3573

アンバサダー　Ambassador

バンコク最大級のホテルで、団体客の利用が多い。部屋数が多いため、ハイシーズンでも比較的部屋が取りやすい。周辺にはインド人経営の店が多く、夜遅くまで露店が出てにぎやか。旧館と新館があり、新館のほうが高いが当然部屋はきれい。旅行代理店を通して予約するとかなり安くなる。BTSナナ駅から徒歩2分。

S1700B〜
W2200B〜
Soi 11, Sukhumvit Rd
TEL254-0444
FAX253-4123

料金は実勢価格の平均。記載のないものはエアコン付き。S…シングル　W…ツイン、ダブル

マンハッタン・バンコク Manhattan Bangkok

　韓国人の多いエリアにある中級ホテル。部屋は清潔でNHKも見られる。プールあり。あかすりが体験できるサウナ、韓国料理店の「ジンガ」、日本人に大人気のコットン小物ショップ「チュースリ・ショップ」などが入っている。BTSナナ駅から徒歩4分。

S1000B～
W1200B～
Soi 15, Sukhumvit Rd
TEL255-0166
FAX255-3481

ジェイドパビリオン Jade Pavilion

　部屋はそれほど広くはないが、清潔で居心地のいいホテル。従業員の対応もよく、安心して宿泊できる。向かいはインペリアルクイーンズパーク・ホテル。BTSプロムポン駅から徒歩6分とやや距離があるが、ホテル前にはトゥクトゥクやタクシーが客待ちしているのでうまく使おう。

S/W1700B～
Soi 22, Sukhumvit Rd
TEL259-4675
FAX258-2328

カオサン通り

　アジアの有名安宿街。下は相部屋で60バーツくらいからあるが、盗難事件なども起きているのでおすすめはできない。シングル150バーツ程度のゲストハウスは、自分で部屋を見てから泊まるかどうか決めたほうがいい。

カオサンパレス Khaosan Palace

　にぎやかなカオサン通りにある。部屋は狭いが、カオサンでそこそこの快適さを求めたい人にはいい。ただし多くは期待しないこと。エアコンの部屋はホットシャワーとテレビ付き。

S280B（ファン）
S400B（エアコン）
W370B（ファン）
W470B（エアコン）

サイアムオリエンタル Siam Oriental

　こちらも、カオサンの宿ではまあまあのレベル。シャワー、トイレ付き。

S/W300（ファン）

ビエンタイホテル Vientai Hotel

　カオサン通りの1本北側の通りにある老舗ホテル。古いが、カオサン界隈では最高級。格安エステやマッサージ屋も併設。カオサン通りは目と鼻の先。

S/W1150B～

シーロム通り

　昼はオフィス街、夜は歓楽街、よって1日中にぎやかなのがシーロム通り。付近で働くビジネスマン向けの屋台や食堂も多く、何かと便利なエリアだ。夜になるとバンコク最大の歓楽街「パッポン通り」にネオンが灯り、深夜まで観光客でにぎわっている。歓楽街とはいっても、宿泊エリアとしては何の問題もない。
　にぎやかなのはBTSサラデーン駅周辺。ホテルもサラデーン駅の近くか、そうでない場合はシーロム通り沿いにとると便利だ。夜はチャオプラヤー川方面やスラサック駅、サパーンタークシン駅周辺は、人通りもまばらになる。

バンコク・クリスチャンゲストハウス
Bangkok Christian Guest House

　クリスチャンでなくても泊まれる健全な宿。部屋は広々としているが、建物は古くテレビや冷蔵庫はない。コンビニや食べ物屋台がすぐそばにあり、パッポンにも近い便利なロケーション。欧米人客でいつもにぎわっていて、満室のことが多い。

S700B W950B
(朝食付)

123 Saladaen, Soi 2
Convent Rd

スイスロッジ The Swiss Lodge

　コンベント通りに面した高級ホテル。値段のわりに部屋は少々狭いが、清潔で眺めも良く、設備は十分。こぢんまりとしたホテルなので、大勢の観光客でザワザワしている大ホテルがいやな人にはおすすめ。

S/W2900B～
3 Convent Rd
TEL233-5345
FAX236-9425

トリニティ・シーロム・ホテル Trinity Silom Hotel

　BTSチョンノンシー駅から徒歩5分のビジネスホテル。シーロム通りからも徒歩3分と、便利な場所にある。フィットネスセンター、サウナ、プール、日本食レストランあり。シーロム通りからホテルに至るソイ5には、昼間は露店が出てにぎやか。夜は人通りが少なくなる。

S1000B～
W1200B～
(朝食付)
150 Soi 5, Silom Rd

ナライ・ホテル Narai Hotel

　シーロム通りに面した部屋数500の超大型ホテルで、30年以上の歴史を持つ老舗。日本をはじめ各国の個人・団体旅行者やビジネスマンが多く利用している。サラデーン駅から歩くと距離があるので、バスをうま

S/W1700B～
(税・サ別)
222 Silom Rd
TEL237-0100

料金は実勢価格の平均。記載のないものはエアコン付き。S…シングル　W…ツイン、ダブル

く使うといい。隣の「ナライ・ピザ」も人気。　　　FAX236-7161

ラ・レシデンス　La Residence

スリウォン通り沿いにある全23室のこぢんまりとした隠れ家的ホテル。改装を終えたばかりで、部屋もきれい。パッポンなどの繁華街には歩いて行けるが、遠からず近からずという、やや中途半端な場所にある。夜になると周辺は静か。

S950B〜　W1400B〜
(朝食付)（税・サ別）
173/8-9 Suriwong Rd
TEL233-3301

シーロムビレッジ・イン　Silom Village Inn

観光客向けのレストランやおみやげ屋が集まる「シーロムビレッジ」内にある。オープンレストランを囲むように客室があり、明るく南国的な雰囲気。スタッフの対応もよい。オープンレストランでは食事をしながらタイダンスや音楽を楽しめる。サラデーン駅からバスやタクシーを利用するといい。

S/W1800B〜
1099Bでプロモーション中（税・サ別）
286 Silom Village
Trade Center
TEL635-6810-6

シーロム・タワーイン　Silom Tower Inn

ナライ・ホテルの向かい。レセプションのあるフロアは狭いが部屋は広くて明るい。NHKも見られ、日本の新聞も置いてある。屋上にプールあり、ツアーデスクもある。ビジネスマンの利用が多い。

S1200B〜　W1500B〜
(朝食付)
533 Silom Rd
TEL237-8300~4
FAX237-8286

●サービスアパート

サラデーン・プレイス　Saladang Place

サラデーン通りの大型サービスアパート。観光客向けのツアーデスクやサービスはないが、立地や設備を考えると、シーロムの他のホテルと比べてかなりお得。部屋は広々としていて、とても眺めがいい。

S1600B〜
5 Saladaeng Rd
TEL636-0111
FAX636-0036

サラデーン・コロナーデ　Saladaeng Colonnade

高級感あふれるサービスアパートで、1階は人気のイタリアンレストラン「ザノッティ」。部屋は広く、大きな窓があって明るい。小さいながらジムやプールもある。シーロム通りからは徒歩4分。12,000B／週、40,000B／月。

STUDIO 2100B／日
21 Saladaeng Rd
TEL 636-0131
FAX 636-0130

バンコクでインターネット

　カオサン通りのように旅行者の多いエリアや、人の集まる場所にはインターネットのできる店が何軒もある。「日本語OK」の貼り紙が出ていなくても日本語で読み書きできるところも多いので、お店を見つけたら聞いてみよう。

　料金は安いところだと1分0.5バーツ、高くても1分2～3バーツ程度なので、気軽に利用できる。ホットメール（http://lc2.law13.hotmail.passport.com）を利用すれば、日本とのメールのやりとりも簡単だ。

●マーブンクローン・センター7階

　ゲームコーナーの片隅にインターネットの店が何軒か集まっている。日本語は読み書きともにできる店が多い。1分0.5バーツ程度と安いのも魅力。ただしゲームセンターがすぐそばにあるので、外との仕切りのない店だとゲーム音がうるさいのが難。

●ソイ・カセムサン

　マーブンクローン向かいの安ホテルが集まる通り。日本語でインターネットのできるホテルが何軒かある。宿泊客以外も利用できるが料金は高め。

　ソイの一番手前にあるムアンポン・マンションは、場所は便利だがパソコンの台数が少ないのが難。エーワンインにはパソコンがずらりとあって気兼ねなく使えるが、あらかじめ利用時間を決めるという珍しいシステム。一番安いのは、ラーマ1世通りに面したインド人のテーラー＆コンビニの奥にあるインターネット。日本語も可。

●伊勢丹向かい

　大通りを挟んで伊勢丹の向かいに何軒かある。1分0.5バーツ程度。大通りに面していないのでわかりにくいが、ドラッグストア「ワトソンズ」の裏あたりにそれらしいものが見つかる。

　伊勢丹の北、ペップリー通りに面したシーフード屋の裏あたりの小さなおみやげ屋などが集まる一角にも、1分0.5バーツ程度のインターネット屋がある。

現地ツアーを利用する

　たまの海外旅行だし、とにかく疲れる思いはしたくないという人は、バンコク発の現地ツアーを利用すると便利。自分で行き方を調べたりと面倒な思いをすることなく、観光だけに集中できる。

　ツアープログラムはバンコク市内半日観光、アユタヤ、水上マーケットなど盛り沢山。観光ツアー以外にキャバレーショーやムエタイのチケット購入、ディナークルーズやタイダンスのディナーショーなどの申し込みもできる。

●申し込みはどこでする？

　ツアーはバンコク市内にたくさんある旅行代理店で申し込める。

　一番楽なのは、自分の泊まっているホテルのツアーカウンターで申し込む方法。大きなホテルであればたいていホテル内にツアーカウンターがある。

●予算はどれくらい？

　格安ツアーから豪華ツアーまであってピンキリだが、一般的なアユタヤの1日ツアーも1000バーツ程度なので、気軽に利用できる。

　マーブンクローン向かいの安ホテル街ソイ・カセムサンにある旅行代理店は、激安とはいかないまでも、リーズナブルなツアーを取り扱っている。高級ホテルにあるツアーカウンターなら、当然取り扱いツアーも豪華なものになる。とにかく安いのはカオサン発のツアー。貧乏人ばかりが集まる安宿街なので、当然ツアーも激安だ。ただしカオサンはマーブンクローンやスクムビット通りからは相当距離があるので、カオサンに泊まっている人でないと利用しにくい。

●主なツアープログラム

バンコク半日市内観光…バンコク市内の有名観光地を回る。
バンコク運河ツアー…ボートでトンブリーの運河をめぐる。
水上マーケット…バンコク郊外にある水上マーケットを訪れる。
サンプラーン・クロコダイルファーム＆エレファントグラウンド…ゾウやワニの大がかりなショーが楽しめる人気のツアー。
アユタヤ…遺跡の残る古都アユタヤをめぐる。クルーズのツアーもある。
カリプソキャバレー…オカマショーのチケットを割引価格で販売。
ムエタイ…リングサイド席のチケットが購入できる。
ディナークルーズ…ディナークルーズの予約ができる。

空港から市内へ

　空港から市内へ出るにはいくつかの手段があるので、予算や安全性を考えて選びたい。なおドンムアン空港には24時間営業のファストフードやレストランがあり、一晩中ひと気が絶えることはない。飛行機の遅れなどで深夜に到着してしまった場合は、不安だったら無理して町へ出ず、空港で夜明かしして翌朝市内へ向かう方法もある。ただし空港で寝る場合は、荷物には十分注意！

●安全性を重視したい人は……
☞ エアポートバス

　バンコクの土地カンがない、ひとりでタクシーに乗るのは不安、という人には、エアポートバスがおすすめ。ホテルもとりあえずエアポートバスでアクセスできるところにとると便利だ。運賃は100バーツ、運行は5:30〜24:00頃（20〜30分おき）。市内までは40分〜1時間10分程度。

　バスは3路線あり、空港ターミナルを出たところにあるエアポートバスのカウンターで行き先を言えば、どのバスに乗ればいいか教えてくれる。バスに乗ると係員が行き先を聞きに来るので、自分が行くホテルの名前などを言い、近くに来たら教えてくれるよう頼んでおこう。

　市内から空港へ向かう際には、道路状況によっては1時間近く来ないこともあるので、時間に余裕をもってバスを待とう。早朝、空港に向かう場合も、あまり当てにしないほうがいい。

A1：空港〜ラーチャプラロップ通り〜インドラリージェント・ホテル〜プラトゥーナム〜ワールドトレードセンター〜シーロム通り〜チャルーンクルン通り（ニューロード）

A2：空港〜戦勝記念塔（BTSアヌサワリーチャイ駅）〜パヤタイ通り〜民主記念塔〜バンランプー（カオサン通り近く）〜サナームルアン

A3：空港〜スクムビット通りソイ1〜トンロー〜エカマイ（東バスターミナル）

●楽したい人は……
☞ タクシーメーター

　メーター制のタクシー。ホテルがエアポートバスでは行けない場所にあるときや、人数が多いときなどには便利。申し込みはタクシーメーター専用のカウンターで。通常のメーター料金以外に、空港への乗り入れ代、高速代がかかるので、カウンターで確認しておこう。市内までは250バーツ程度（距離に応じて異なる）。

空港から市内へ

☞ エアポートリムジン

タイ航空が運行するタクシーで、信頼性はタクシーメーターより高いと言われる。エアポートリムジン専用カウンターで申し込む。650バーツ。

● 1バーツでも安くあげたい人は……
☞ 路線バス

バス停は空港を出て少し歩いた通りにあり、ドンムアン空港が始発ではない。24時間運行している路線もあるが、深夜は運行本数が激減。普通バスは高速を使わないので、渋滞に巻き込まれると町の中心まで2時間以上かかることも。路線はしばしば変更になるので、空港のインフォメーションで必ず確認。運賃は普通バス3.5バーツ（赤バスは深夜料金5バーツ）、エアコンバス8バーツ〜。運賃は乗車後に車掌に払い、チケットを受け取る。

29番：エアコンなし&エアコン（24時間運行）
　　　空港〜チャトゥチャック〜マーブンクローン〜フアラムポーン駅
59番：エアコンなし（24時間運行）
　　　空港〜チャトゥチャック〜民主記念塔〜ラーチャダムヌーン・クラン通り（カオサン近く）
4番： エアコンバス
　　　空港〜チャトゥチャック〜戦勝記念塔（BTSアヌサワリーチャイ駅）〜プラトゥーナム〜ワールドトレードセンター〜シーロム通り〜ニューロード
13番：エアコンバス
　　　空港〜チャトゥチャック〜戦勝記念塔（BTSアヌサワリーチャイ駅）〜プラトゥーナム〜ワールドトレードセンター〜プルンチット〜スクムビット通り〜エカマイ（東バスターミナル）〜プラカノン

● チャイナタウン方面へは……
☞ 鉄道

普通列車なら5バーツと安いので、チャイナタウン方面へお金をかけずに出たい人には便利。最寄り駅は、空港ターミナルから連絡通路で行ける「ドンムアン駅」。終点はフアラムポーン駅。ドンムアン駅が始発ではないので、反対方向に乗らないよう注意。朝の5時頃から夜の22時頃までは1時間に2〜3本程度。特急だと80バーツくらい取られる。

バンコク歩きの豆知識

バンコク市内の交通

●BTS／スカイトレイン (ロットファイ・ファー)

新たに開通したBTS (スカイトレイン)。運賃は高いが、速い、涼しい、きれい、渋滞なしとメリットは大きい。複雑なバス路線に頭を悩ませる必要もないので、時間を有効に使いたい旅行者には強い味方だ。

2路線しかないが、BTSを使えばショッピングやレストランめぐりはほぼ間に合ってしまう。これまで少々アクセスが不便だったウィークエンドマーケットも、BTSを使えばあっという間だ。

運行時間は6:00〜24:00。運賃は距離に応じて10〜40バーツ。チケットは自動券売機で購入する (コインのみ使用可)。乗車のたびに購入するシングルチケットの他に以下のようなパスがあるので、上手に利用しよう。

BTS各駅の窓口には、毎月発行されるBTSマップが置いてある (無料)。BTSの主な駅と周辺を結ぶ無料シャトルバスのルートなども載っている。

◆回数パス

乗車区間に関係なく、指定回数分乗車できるパス。10回パス、15回パスなら、1週間程度の旅行でも使える。長距離区間に利用するほど得だが、短い区間だと逆に損することになるので注意。スチューデントパスとアダルトパスの2種類があり、スチューデントパスは購入の際に学生証を提示する (23歳以下)。

スチューデントパス (30日間有効)
Student 10 Trip Pass：10回乗車可。160B
Student 15 Trip Pass：15回乗車可。210B
Student 30 Trip Pass：30回乗車可。360B

アダルトパス (30日間有効)
Adult 10 Trip Pass：10回乗車可。250B
Adult 15 Trip Pass：15回乗車可。300B
Adult 30 Trip Pass：30回乗車可。540B

◆スカイカード Skycard

日本のJR「イオカード」のようなプリペイドカード。乗車ごとに運賃分の金額がカードから差し引かれる。イオカードと違うのは、200バーツ以上であれば好きな金額で購入できる点。有効期間は2年間。購入金額のうち30バーツがデポジットとなる。カードの残金が少なくなったらまた任意の金額を窓口で支払えば、同じカードを続けて利用できる。

BTS路線図

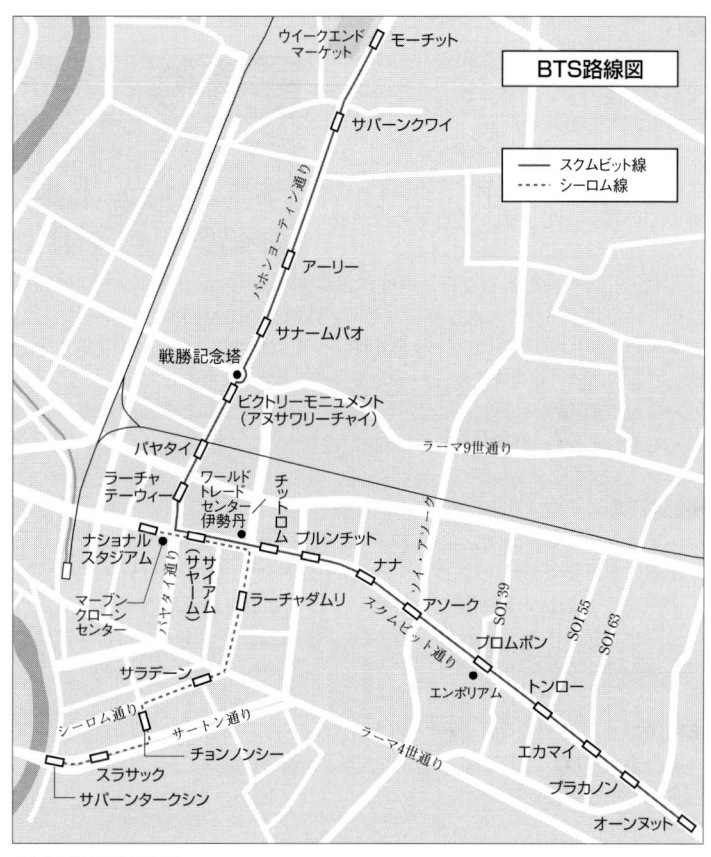

凡例
― スクムビット線
---- シーロム線

駅名（スクムビット線・北から南へ）
- ウイークエンドマーケット / モーチット
- サパーンクワイ
- アーリー
- サナームパオ
- 戦勝記念塔 / ビクトリーモニュメント（アヌサワリーチャイ）
- パヤタイ
- ラーチャテーウィー
- ワールドトレードセンター / 伊勢丹
- チットロム
- プルンチット
- ナナ
- アソーク
- プロムポン
- トンロー
- エカマイ
- プラカノン
- オーンヌット

駅名（シーロム線）
- ナショナルスタジアム
- マーブンクローンセンター
- サイアム（サヤーム）
- ラーチャダムリ
- サラデーン
- チョンノンシー
- スラサック
- サパーンタークシン

通り名
- パホンヨーティン通り
- ラーマ9世通り
- パヤタイ通り
- スクムビット通り
- SOI 39 / SOI 55 / SOI 63
- シーロム通り
- サートン通り
- ラーマ4世通り

その他: マーブンクローンセンター、エンポリアム

●主な目的地の最寄り駅

◆シーロム線

ナショナルスタジアム駅
・マーブンクローンセンター
・ソイ・カセムサン

サイアム駅
・サイアムスクエア
・サイアムセンター
・サイアムディスカバリーセンター

サラデーン駅
・シーロム通り
・パッポン通り＆タニヤ通り

サパーンタークシン駅
・サートン船着場

◆スクムビット線

モーチット駅
・ウイークエンドマーケット

サイアム駅
・サイアムスクエア
・サイアムセンター
・サイアムディスカバリーセンター

チットロム駅
・ゲイソーンプラザ
・そごう
・ワールドトレードセンター
・伊勢丹
・ソイ・ランスアン

プルンチット駅
・ソイ・ルアムルディ
・プルンチットセンター

ナナ駅
・ソイ・ナナ（ソイ3）
・アンバサダー・ホテル
・スクムビットプラザ

アソーク駅
・シェラトングランデ
・タイムズスクエア

プロムポン駅
・エンポリアム
・ソイ33/1（日本人街）

バンコク歩きの豆知識

●バス

バスはバンコク市内を網の目のように走っているので、バスを使えばたいていの場所にアクセスできる。

しかし路線がとにかく複雑なうえ、バスの種類も多い。行き先もタイ語でしか書いていないので、乗りこなすのは至難の技だ。

移動にバスを利用するなら、絶対に必要なのがバスルートマップ。何種類か出ているが、『5秒でわかるバンコクバス路線図』(DACO刊、100バーツ) は、日本語で書かれていてとてもわかりやすい。東京堂書店、紀伊国屋書店などで購入できるので、バスを活用したい人は、ぜひ入手して携帯しよう。

バンコクの市バスは外国人だからといって運賃をボルことはまずなく、おつりもくれる。ただし混雑時には荷物に注意！

◆普通バス

エアコンのないバスで、主に赤いバスと白いバスが走っている。運賃は乗車距離に関係なく赤バスは3.5バーツ (夜間5バーツ)、白バスは5バーツ。

乗車すると筒状の料金箱をシャカシャカさせながら車掌がやって来るので、料金を払ってチケットを受け取る。お粗末なチケットだが、たまに検札があるのでなくさないように。

◆緑バス

赤や白の普通バスよりもふた回り小さい緑色の暴走バス。エアコンはなし。運賃は乗車距離に関係なく3.5バーツ。

◆エアコンバス

青いバス、オレンジのバス、2両連結式の白いバスなどがある。運賃は乗車距離に応じて青バス8バーツ〜。オレンジバス10バーツ〜。車掌が来たら、目的地のある通りの名前や「プラトゥーナム」などの地名や、「ワールドトレードセンター」といったわかりやすいランドマークを言えばいい。

◆マイクロバス

ピンク色の小型エアコンバス。市内近郊の約14ルートを運行。定員以上は乗客を乗せないので、必ず座れるのがメリット。運賃は距離に関係なく25バーツ (一部例外あり)。チケットは車内の券売機で購入する。

●タクシー

　初乗りは35バーツ。安いので気軽に利用できる。バンコク市内を流しているタクシーは、ほとんどがメーター制。料金事前交渉制のタクシーはすっかり見かけなくなった。屋根の上に「TAXI METER」のサインが乗っていればメーター制。2、3バーツの細かいおつりはもらえないことが多い。

　困るのは、運転手が行き先をあまり知らないことと、タイ語ができないと行き先を理解してもらうのが難しいこと。念のため、乗車前に行き先を言って運転手に確認したほうがいい。ホテルなどで行き先をタイ語で書いてもらって見せるとベスト。

●トゥクトゥク

　タイ名物の青い三輪自動車。あちこちにいて小回りもきくので、1回くらいはお世話になるだろう。短・中距離の移動向けで、運賃は事前に交渉して決める。20バーツくらいから。

　気をつけたいのはカオサン通りやワット・プラケオ周辺など、外国人観光客の集まる場所で客待ちしているトゥクトゥク。相場よりもかなり高い料金を言ってきたり、目的地に行く途中に「買い物に連れて行ってあげる」といって宝石屋やおみやげ屋に連れて行こうとする運転手もいる。まともな店ではないので相手にしないのが無難。

●バイクタクシー（モーターサイ）

　バイクの荷台に客を乗せるタクシー。バスの通らない路地での移動によく使われる。車をすり抜けて走るので渋滞のひどいときには便利だが、交通事故も多発していて極めて危険。大通りでは利用しないほうがいい。乗客もヘルメット着用が義務づけられている。

●シーロー

　スクムビット通りのソイを専門に走る、超小型トラック改造タクシー。ソイの入口で客待ちしている。そのソイの中であれば、建物や店の名前を言うだけでOK。運賃は20バーツくらいから。

●水上交通

◆チャオプラヤー・エクスプレス（ルア・ドゥアン） →P.116参照

　チャオプラヤー川を運行する大型ボート。北はノンタブリー（またはパークレット）から、南はクルンテープ橋のたもとにあるワット・ラーチャシンコンまでを結ぶ。主な船着場にしか停まらない特急ボートもあり、船の旗の有無や色で判断する。運賃は乗船距離やボートの種類に応じて7バーツ～25バーツ。運行は6:00～18:30頃（船の種類により異なる）。チケット売りが来たら、降りる船着場を言って料金を払う。各船着場には、運賃、運行時間に関する詳細が掲示されている。

◆渡し船（ルア・カーム・ファーク）

　チャオプラヤー川の両岸を結ぶ。運賃は2バーツ。運行は5:00～22:00頃。ター・ティアン（ワット・ポー）～ワット・アルン、リバーシティ～クロンサン市場、ター・プラチャン～プランノック（シリラート病院）、ター・チャン（ワット・プラケオ）～ワット・ラカンなどで運行されている。

◆運河ボート →P.120参照

　センセープ運河を運行する乗り合いボート。バスと同じように、市民の通勤・通学の足として使われている。パンファー橋～プラトゥーナム、プラトゥーナム～ワット・シー・ブンルアン（ミンブリー）を結ぶ。

◆ロングテイルボート（ルア・ハン・ヤオ） →P.119参照

　チャオプラヤー川からトンブリーの運河へ決まった路線を走る乗り合いボートの他、チャーターして運河観光に利用できる。1時間250～300バーツ程度。運行は早朝から日暮れまで。

知っておくと便利な場所

●伊勢丹6階 (地図2 D-2)

　友人との待ち合わせや、買い物途中のひと休みに便利なのがここ。場所は日本人の憩いの場、伊勢丹6階の紀伊国屋書店の入口を出たところ。エレベーター周辺が広場的なスペースになっていて、ベンチがいくつか置いてある。伊勢丹5階のスーパーマーケットで冷たい飲み物でも買って休憩しよう。タンジンTanying（P.19）などのレストランも何軒かある。

●ツーリストポリス

　トラブルは突然降りかかってくるもの。犯罪に巻き込まれるなどしたら、外国人旅行者の相談窓口であるツーリストポリスへ。夜間はシーロム通りとパッポン通りが交わるところに出張所が出る。

T.P.I. Tower 1F, 26/56 Silom Chongnonsi Rd　TEL1155

●バムルンラート病院 Bamrungrad Hospital (地図3 A-1)

　スクムビット通りにある総合病院で、ホテル並の設備が評判。日本語の通訳がいるので安心して診察を受けられる。海外旅行傷害保険のキャッシュレスサービスも受け付けている（自分の保険会社が提携しているかどうかは事前に確認すること）。どこの病院でも同じだが、保険に入っていないと診察代はかなり高くつく。できる限り加入しておこう。

33 Soi 3, Sukhumvit Rd　TEL667-1000

バンコクのトイレスポット

スクムビット方面：大型の中・高級ホテル林立地帯なので、最寄りのホテルにおじゃましよう。アソークならシェラトングランデ・スクムビット、ナナ駅周辺ならランドマークホテルやJWマリオットがお手頃。

シーロム方面：シーロム通りに面したCPタワー、セントラルデパートの入っているシーロムコンプレックス、タニヤプラザなどが便利。

サイアムスクエア&マーブンクローン方面：ショッピングセンターだったらどこでもあるが、サイアムスクエアのノボテルホテルか、マーブンクローンの隣にあるパトゥムワンプリンセスが静か。

バンコク基本情報

●ビザ
　30日以内の滞在ならビザは不要。原則として、日付けの入った出国チケットを持っていること。パスポートの残存期間は6カ月以上必要。31日以上滞在する場合は、60日間滞在可能な「ツーリストビザ」を取得しておこう。

●お金と両替
　通貨単位はバーツ。1バーツ＝2.7円（2001年7月現在）
　補助通貨はサタン。1バーツ＝100サタン
　日本円からタイ・バーツへの両替は、ドンムアン空港やバンコク市内の銀行でできる。バンコクに到着したら、空港である程度両替してしまうと楽だ。空港の両替所は24時間オープンしている。
　市内の銀行の営業時間は8:30〜15:30（土日祝日休み）が目安。観光客の多いスクムビット通りやパッポン周辺、カオサン通りなどには銀行の両替カウンターがあり、夜の21時頃まで営業しているところもある。銀行の他に私営の両替所もあるが、レートは銀行と大して変わらない。
　銀行のATMはバンコク市内に多数設置されていて、たいてい24時間利用できる。JCBやVISAといった主なクレジットカードでのキャッシングが可能なので、いざというときには重宝する。
　大きなホテルなら両替カウンターがあるが、一般的にレートは悪い。

◆持って行くお金
　持って行くのは日本円だけでOKだが、安全性を重視するなら、トラベラーズチェックもいくらか作って持って行くといい。汚れがあったり少し破れたりしているお札は、両替を拒否されることもある。
　観光都市だけあって、クレジットカードの通用度は高い。高級ホテルやレストランでは、当然のことながらクレジットカードが使える。

●電話をかける
　国際電話はテレホンカード式の公衆電話、主要クレジットカードが使える公衆電話などからかけられる。テレホンカードは書店やコンビニで購入できる。大きなホテルなら、部屋からダイレクトに国際電話がかけられるところが多い。
タイから日本にかける：001＋81＋市外局番＋市内局番
✈(03)1234-5678にかける場合

001＋81＋3＋1234＋5678
日本からタイにかける：001＋66＋市外局番＋市内局番
＊(02)123-4567にかける場合
001＋66＋2＋123＋4567
※いずれも市外局番の頭の「0」は除いてダイヤルする。

●観光のシーズン

バンコクの気候は、大きく乾季、暑季、雨季の3シーズンに分けられる。

◆10月末～3月…乾季

最も快適に過ごせる季節で、特に11～2月は観光のベストシーズン。毎日からっとした晴天が続き、まとまった雨はほとんど降らない。昼間の日差しは強烈だが、夜間は気温が下がり過ごしやすい。ただし2～3月は観光客が殺到するので、人気の安宿は満室状態が続くことも。

◆3月中旬～5月中旬…暑季

日本では考えられないような暑さが続き、特に4月は外に立っているだけでもつらいほど。日中のお寺めぐりや町歩きはかなり消耗するので、ショッピングやグルメ旅行向き。夜になっても気温は下がらず、エアコンなしでは過ごせない。ただし雨はそれほど多くない。

気をつけたいのは、4月13、14、15日に開催される水かけ祭（ソンクラーン）の時期。この前後数日間は休暇をとるタイ人が多く、デパートは営業しているが、個人経営のレストランや小さな店は休業してしまうところも多い。また観光客も遠慮なく水をかけられるのでご注意を。

◆5月中旬～10月末…雨季

特に8～9月は激しい雨にみまわれ、バンコクでも川沿い一帯が水浸しになることは珍しくない。ただしバンコク中心部の移動であれば、特に支障なし。観光客は少なくなるので、ホテルなどが割引きになる場合も。

●日本での情報収集

タイ政府観光庁（TAT／Tourist Authority of Thailand）

観光地の資料などが入手できる。http://www.thailandtraveler.or.jp/

TAT東京オフィス

〒100-0006　東京都千代田区有楽町1-7-1　有楽町電気ビル南館2階
TEL(03)3218-0355　FAX(03)3218-0655
開：9:00～12:00 13:00～17:00　休：土日祝日　8月12日　12月5日

ファクス情報サービス　24時間観光情報を引き出せる。
東京　(03)3249-7210　大阪　(06)6411-1100

①バンコク中心部

- カナバナーム
- クルントン橋
- リバーサイド
- チャオプラヤー川
- ウィマンメーク宮殿／旧国会議事堂
- ラーマ5世像
- ドゥシット動物園
- サムセン駅
- テウェート市場
- チットラダー宮殿
- ワット・ベンチャマボピット
- シーアユタヤ通り
- 地図⑤
- プラピンクラオ橋
- 王室御座船着場
- トンブリー駅
- 国立博物館
- シリラート病院
- タマサート大学
- ワット・ラカン
- ワット・マハータート
- ワット・プラケオ
- 王宮
- ワット・ポー
- ワット・アルン
- パークローン市場
- バンランプー市場
- カオサン通り
- ラーチャダムヌーン・クラン通り
- サナームルアン
- 民主記念塔
- プーカオ・トーン
- ワット・サケート
- ラーチャダムヌーン・ボクシングスタジアム
- TAT
- クルンカセーム通り
- ルークルアン通り
- ランルアン通り
- ペッブリー通り
- ラーチャテーウィー
- アジア
- ナショナルスタジアム
- 国立競技場
- 東急
- マーブンクローンセンター
- チュラロンコーン大学
- バムルン・ムアン通り
- ワット・スタット
- チャルーンクルン通り
- ナコーンカセム
- ラーマ1世像
- チャイナタウン
- ヤワラート通り
- ワット・トライミット
- フアラムポーン駅
- ラーマ4世通り
- バンコクセンター
- サパーン・プット（メモリアルブリッジ）
- 地図⑦
- リバーシティ
- 中央郵便局
- オリエンタル
- シャングリラ
- ターク シン橋
- サパーンタークシン
- シープラヤ通り
- スリウォン通り
- ナライ
- シーロム通り
- ホリデイイン・クラウンプラザ
- スラサック
- 地図④
- 地図⑥
- モンティエン
- サラデ
- チョンノンシー
- ウォンウィアンヤイ
- タークシン王像
- ラートヤ通り
- チャルーンラット通り
- ウォンウィアンヤイ駅
- クルントンブリー通り
- プラチャーティーポック通り
- バンコクヤイ運河

凡例
- - - - スカイトレイン（BTS）
▬▬▬ 高速道路

N
0　　　　2km

モーチット、
チャトゥチャックへ↑

セーナーンチャイ通り

アーリー

サナームパオ

戦勝記念塔
ビクトリーモニュメント
（アヌサワリーチャイ）

スアン
パッカード宮殿

ジャスコ S
タイカルチャーセンター

ラチャダーピセーク通り

ラディソンホテル
・タプティム・サイアム

ラーマ9世病院 H
ロイヤル・シティ・アベニュー
ラーマ9世通り

地図②
マッカサン駅

インドラ
リージェント H
プラトゥーナム市場
ンティープ・プラザ

アソーク・ディンデーン通り

クローンタン駅
ペッブリー・タットマイ通り

ワールドトレードセンター
伊勢丹 S
チットロム S
そごう
プルンチット
ラーチャダムリ

日本大使館
JICA
セーンセーブ運河
地図③
日本大使館
領事部
アンバサダー
ナナ
カムティエン
ハウス

AUA

ラーチャダムリ通り
ウィッタユ通り

シェラトン
グランデ・
スクムビット

アソーク H

ルンピニー
公園
ラーマ6世像
H デュシタニ
ルンピニー・
ボクシング
スタジアム

エンポリアム S
インペリアル・
クイーンズパーク

プロムポン

サミティヴェート病院 H

ソイ・トンロー（ソイ55）

H H YWCA
YMCA スコータイ
H マレーシア

シリキット
コンベンション
センター
ラーマ4世通り
クロントゥーイ市場

スクムビット通り
ソイ24

トンロー
エカマイ

イミグレーション

エカマイ
（東バスターミナル）

②サヤームスクエア＆ワールドトレードセンター

A列
- バンタート通り
- ← バンファー橋へ
- 市場
- サイアムモーターズ・ウェンディーツアー
- ラーマ1世通り（プラ・ラーム・ヌン）
- 国立競技場
- Soi 6
- Soi 8
- ⓇⓇ ソムブーン
- ソムブーン（中華）
- Soi 10
- ソイ・チュラロンコーン12

B列
- 屋台街
- サムラン・プレイス Ⓗ
- セブン・イレブン
- （ソイ 10）
- Soi 12
- ペップリー通り
- Soi 7
- バヤタイ通り
- アジアオレオレ Ⓡ Ⓗ
- カリプソ
- ラーチャテウィー
- 安ホテルが集まる通り
- 運河ボート乗り場
- セーンセープ運河
- ジム・トンプソンの家
- ソイ・カセムサン2
- レノ
- ソイ・カセムサン1
- スラプトゥム宮殿
- サイアムディスカバリーセンター
- ナショナルスタジアム
- 東急 Ⓢ
- マーブンクローンセンター
- ・フードセンター
- ・S.F.シネマシティ
- ・タルーンビューティー
- Soi7
- パトゥムワン・プリンセス Ⓗ
- 人気No.1の巨大ショッピングセンター
- ハナコ・トーキョー
- Soi1
- チュラロンコーン大学

C列
- Soi 9
- Soi 11
- Ⓢ
- Ⓢ
- ハリウッドITセンター Ⓗ
- ファースト
- Soi 18
- Soi 20
- ペップリー通り
- インドネシア大使館
- バンティープ・プラザ
- インターネット・おみやげ屋
- サイアムインターコンチネンタル Ⓗ
- サイアセンター・ネイルカフェ
- Ⓢ サイアム
- マリーナ Ⓡ Ⓡ KFC
- スカラ
- Soi2 Soi3
- 屋台街
- ワットパトゥムワナラー
- ラー
- Soi4 Soi5 Soi6
- サイアムスクエア
- ノボテル Ⓗ
- コカ Ⓡ
- Soi11 Soi10 Soi9 Soi8
- シーフー Ⓡ Ⓡ カントン
- 高麗亭
- バーンクンメー
- 若者向けのショップが集まるサヤームスクエア
- アンリ・デュナン通り
- 競馬場（隔週日曜日開催）

N
0 ────── 300m

地図

D列 / E列 / F列

- マッカサン駅
- ガイヤーン屋 (R)
- バイヨークスカイ (H)
- イサーンクラシック (R)
- インドラリージェント・サラタイ・インドラ宝石店
- Soi Wattanawong
- エンプレス (H)
- バイヨークスイート (H)
- マッカサン市場
- バンコク・パレス
- Soi Wattanasin
- ボーラーン・ハウス
- Soi 19 / Soi 17 / Soi 21
- プラトゥーナム市場
- アマリウォーターゲート (H)
- 衣料品や雑貨の大市場
- シティセンター (S)
- シーフードレストラン (R)
- (S) (S)
- プラトゥーナム・コンプレックス（建設中）
- 運河ボート発着点
- ペッブリー・タットマーイ通り
- 紀伊国屋書店
- タンジンオリエンタル・ショップ
- ミスター・フィート
- ペッブリー病院 (+)
- テキサス (R)
- シーファー
- コカ
- シーファー
- アジアブックス
- タワーレコード
- メジャー・シネプレックス
- 伊勢丹
- ワトソンズ (S)
- タノームガーイ
- 祠 ●
- インターネット (S) Big C
- 屋台
- ヒルトン・インターナショナル・バンコク (H)
- ワールドトレードセンター
- アノーマ
- ZEN
- ナライバン・パビリオン
- ゲイゾーンプラザ
- ロイヤル・メリディアン・バンコク
- エスプレッソ・ナビンハウス
- スイス大使館
- イギリス大使館
- (S)
- メリディアン・プレジデント (H)
- 世通り
- エラワンブーム ●
- アマリンプラザ (S)
- アマリンそごう
- フォー (R)
- セントラル・チットロム
- ホリデイ・マンション
- 警察病院 (+)
- エラワンそごう
- チットロム
- ラーマ1世通り
- プルンチット
- プルンチットセンター
- グランドハイアット・エラワン・スパッス (H)
- アユタヤ銀行 (S)
- ホワイトハウス (R)
- キングパワー・デューティーフリーショップ (S)
- バーン・パーサータイ
- ペニンシュラ・プラザ (S)
- (S)
- ショッピングセンターとデパートが集まる、バンコク最大のショッピングエリア
- コロニアル・レジェンド (S)
- ロイヤルバンコクスポーツクラブ
- リージェント・バンコク (H)
- ベトナム大使館
- バリ (R)
- JETRO ●
- ルアムルディ・ビレッジ
- ラーチャダムリ
- バンパン (R)
- Soi 1
- パパラッチ ●
- ナインス・カフェ (R)
- Soi 1
- Soi 2
- Soi 2
- バーン・カニタ
- ワナリーアース
- Soi 3
- ハイソでおしゃれなレストランが集まるソイ・ランスアンとソイ・ルアムルディ
- Soi 4
- AUA (タイ語・英語学校)
- Soi 3
- Soi 5
- アメリカ大使館
- ジムズ・ロッジ
- カンボジア大使館
- Soi 4
- ホールアース (R)
- Soi 6
- らあめん亭 (R)
- メタルゾーン ♪
- Soi 7
- ニールズ・タバーン
- Soi 5
- ブラウンシュガー
- ウォンリー・ランスアン
- ソイ・ルアムルディ
- † 教会
- ルンピニー公園

A

バムルンラート病院 ✚
プルンチット センター
Soi 1
Soi 3/1
Soi 5
H グレース
Q バー R
アラブ人街。ムスリム料理店がたくさん
Soi 7
フェデラル
アル・フセイン
H アマリ ブールバード
カニヤ
Soi 11
S JWマリオット
✉
H フードランド
S チイオリ
H シティ ロッジ
H パーク
H アンバサダー
Soi 13
Soi 15
ナナ
ランドマーク
H スイスパーク
Soi 2
H マイアミ
H サマーセット
Soi 19
Soi 4
ラジャ
Soi 6
✚ プルミエール トラベロッジ
H S ナリン
H マンハッタン
サーミットタワー 日本大使館 領事部
新大黒 ⛩
サラチャイマンション・マリサ
スクムビットプラザ ガポレ
ロビンソン
カムティエン・ハウス サイアム・ソサエティ 🏛
H シティロッジ
S パサント R
H S デルタ・グランド パシフィック
ホワイト・イン
H ステイブル・ロッジ
S タイムス スクエア
H S アシーク
H タイパン
アトランタ
イセキュウ
タニカ
ソイ・カウボーイ
H
✚ 教会
PSゲストハウス H S
R イテウォン
Soi 8
Soi 10
Soi 12
Soi 14
S
クレープ&Co.
タイ・セラドン
シェラトングランデ・スクムビット・グランデ・スパ
Soi 16
● レイク・ラーチャダビル
シーナーチャー通り
ゴルフ練習場
Soi 18

B

ソイ・アソーク (Soi 21)
ニールズ・タバーン
Soi 23

C

🛡 シーナカリン ウィロート大学
バーン・カニタ
R ル・ダラット
S ラーンサヤーム
一軒家のレストランや雑貨屋が何軒か
チョクチャイ・ステーキハウス
● 機織りが見られる
アイオリ
R S シナワット・タイシルク
R ワナカーム
H
R S ナンダクワン
プアンケーオ
ル・ダラット・インドチャイナ
ソイ・プロムチット
泰日経済技術振興協会 (ソーソートー)
Soi 25
Soi 27
Soi 29
Soi 31
Soi 33
H クラウン
ノボテル ロータス
● フジスーノ
H エンバシー・スイート
バンバン
ヴィラマーケット
レンブラント・セニョール・ピコ
マンボ
イラン
シリキット公園
Soi 20
Soi 22
ジェイドパビリオン
H インペリアル・クイーンズ
エンポリアム
スクムビット通りの人気デパート

シリキット ナショナル コンベンション センター

アリストン
トーラ
R シーフードマーケット
R ラッタナーコーシン

クロントゥーイ市場

③スクムビット通り

ソイ・エカマイ21

0　　　400m

・ラケットクラブ
・ボイスホビークラブ
・ソップ・ムーイ・アーツ

Soi 49/11　Soi 49/6

Ⓡセダー

Soi 19　（Soi 55）ソイ・トンロー

ボー・マッサージ
ワット・ポー・マッサージスクール
東京堂書店
●ハナコ・トーキョー

サミティウェート病院✚

Soi 17

ボランティアショップ
Ⓢインターナショナル
タイダンス・アカデミー
Soi Phrommit

●ダイブ・バンコク

Soi 13

Ⓡトン・クルアン

Soi 11

日本人街。日本料理屋などが集まる

黒田
ヒマリ・チャチャ

Soi 39　Soi 43　Soi 45

Soi 9　（Soi 55）
Soi 8　Ⓡウィッチーズ・タバーン

プロムポン Ⓢ
シーロー（小型トラックタクシー）乗り場

Soi 7　ソイ・トンロー

Ⓢサヤームラートハウス

Ⓗ24イン
Ⓡレモングラス
インパラ

Soi 47　Soi 49　Soi 49/1　Soi 53　Soi 5　Ⓡロイヤルキッチン

Ⓗタラ
Ⓗセント・ジェイムス

Soi 25　Soi 28　Soi 30　Soi 30/1
フィリピン大使館

スクムビット通り

Soi 1
チャイナ・ジャーナル Ⓡ
Ⓗグランドタワー
Soi 2
Ⓡ55thプラザ・フォー

Ⓘフォーウィングス

Ⓡレックス
バーンタイ

Soi 61

ビエンチャン・キッチン
Soi 36
トンロー
✉トンロータイ語学校
スクムビット・フーチャラーム

バーン・ラーオ

Soi 59

MK Ⓡ
メジャーシネプレックス🎥
スイート・ベイジル

夜18時頃より屋台街

Ⓗシー・ゲストハウス
西安餃子館 Ⓡ

Ⓡユネスコ

カノクウェート・マッサージ

Soi 38　Soi 40
科学博物館🏛
プラネタリウム
東バスターミナル🚌
（エカマイ）

▲ワット・タートーン

Soi 42

A	B	C

エリア外・上部
- マンダリン・パンダバス H
- ラーマ4世通り（プラ・ラーム・シー）
- パスツール研究所／スネークファーム
- シープラヤ通り
- 華僑義徳善堂
- ワット・フアラムボーン
- 日本人向けクラブ／日本料理屋多し
- 大型古式マッサージ店が数件

1段目
- ナイトマーケット。にぎわうのは19時過ぎから
- モンティエン
- ローズ H
- パビリオン・プレイス
- サリカカフェ R
- KFC R
- ソイ・スリウォン H
- マクドナルド
- タワナ・ラマダ H
- カニター
- タンタワンプレイス H
- ナラヤ S
- ウォールストリートイ H
- ミズキッチン R
- ロベルト
- とん清 R
- らあめん亭 R
- フードラン S
- ソイ・タニヤ通り

2段目
- プラザ H
- スリウォン通り
- コカ R
- キングス・キャッスル
- クリスチャン病院
- ソムブーン R
- ラ・レジデンス H
- バンコク最大級の食べ物・雑貨屋台街
- マンゴーツリー
- ワンディー料理学校
- 葵 R
- 本屋
- シーロム通り
- シーロム・ハッタウェスト
- ITFビル
- さくら銀行 S
- シルバーパレス
- CPタワー・マクドナルド・ワトソンズ・ANA
- 遼寧餃子館
- セブンイレブン
- バンコク銀行 S R
- 南江 R
- シャングリラ
- シーフード屋台（夜のみ）
- ユナイテッドセンター・フードセンター・ベルリッツ・デリ・フランス
- モナークリー・ガーデンズ
- チョンノンシー・シーロム通り
- Soi 10
- Soi 6
- Soi 4
- ナライ H
- ナライピザ R
- シーロム・プラザ R
- タイダヌ銀行 S
- Soi 7
- Soi 5
- Soi 3
- シーロム・タワーイン H
- 昼間のみ洋服や雑貨の露店街に
- トリニティ・シーロム R

3段目
- ゴーゴーイ R
- ソイ・ピパット1
- スアン・ワッタナー学校
- サートン・イン
- セブンイレブン
- ソイ・ピパット2
- スタンダード・チャータード銀行／マクドナルド S
- ナイアガラ H
- バンコク聖書大学
- ロシア大使館
- トン・クルアン
- バーンラック病院 ✚

④シーロム通り

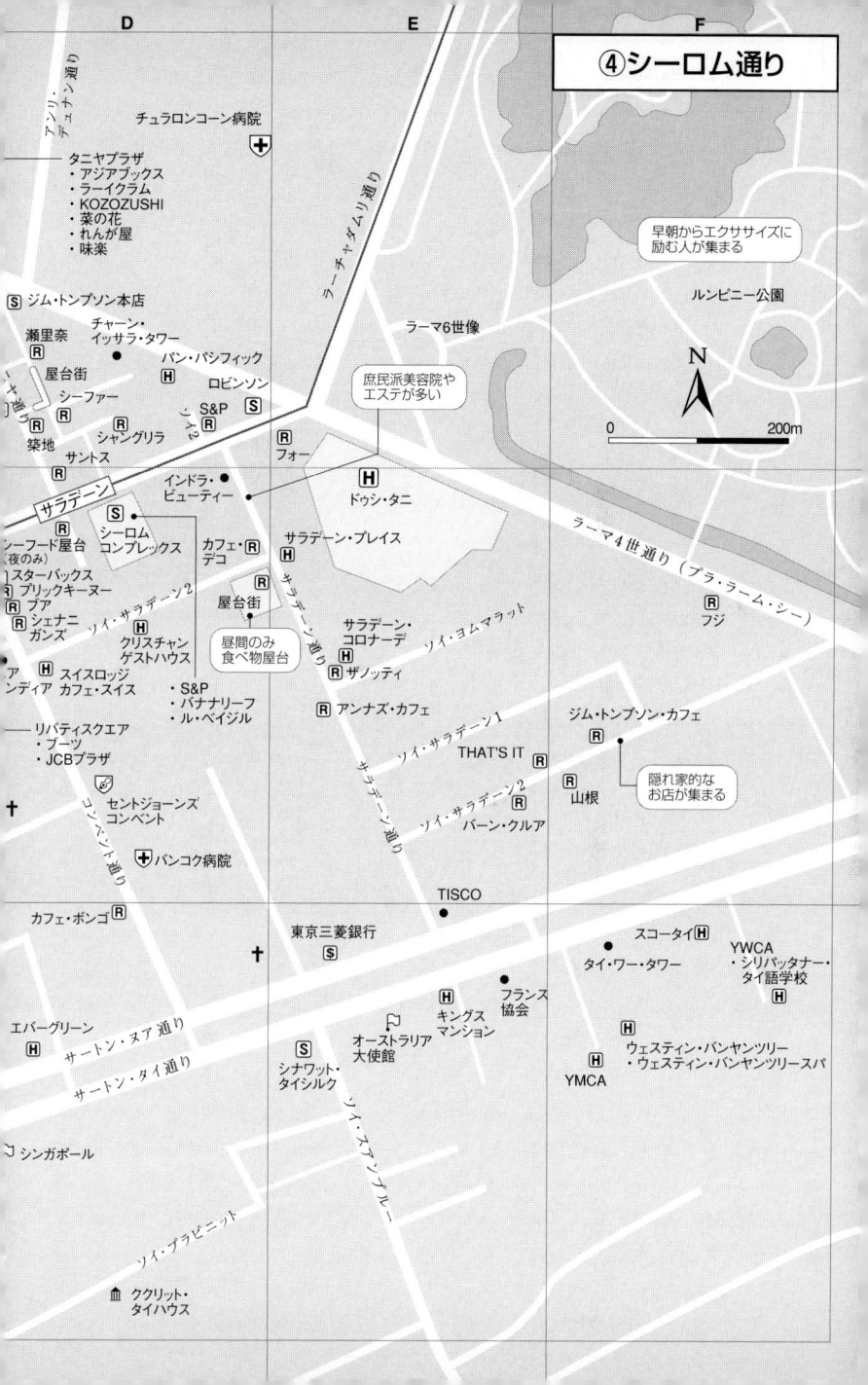

D | **E** | **F**

- チュラロンコーン病院
- タニヤプラザ
  ・アジアブックス
  ・ラーイクラム
  ・KOZOZUSHI
  ・菜の花
  ・れんが屋
  ・味楽

ソソ・テュナン通り

S ジム・トンプソン本店

瀬里奈　チャーン・イッサラ・タワー
　　　　バン・パシフィック H
屋台街　　　ロビンソン
シーファー　S&P S
築地　シャングリラ
サントス R
　　　　R フォー
サラデーン
インドラ・ビューティー
　　　　　ドゥシ・タニ H

ラーチャダムリ通り

ラーマ6世像

早朝からエクササイズに励む人が集まる

ルンピニー公園

庶民派美容院やエステが多い

N
0　　　　200m

S シーロムコンプレックス
　カフェ・デコ R H
シーフード屋台（夜のみ）
スターバックス
R ブリックキーヌー
R シェナニガンズ
　ブア
アンディア H スイスロッジ
　カフェ・スイス
クリスチャンゲストハウス
・S&P
・バナナリーフ
・ル・ベイジル
リバティスクエア
・ブーツ
・JCBプラザ

屋台街
昼間のみ食べ物屋台

サラデーン・プレイス H
サラデーン・コロナーデ
ザノッティ
R アンナズ・カフェ

ソイ・ヨムマラット

ラーマ4世通り（プラ・ラーム・シー）

R フジ

ジム・トンプソン・カフェ R

ソイ・サラデーン1
THAT'S IT R
R 山根
ソイ・サラデーン2
バーン・クルア

隠れ家的なお店が集まる

† セントジョーンズコンベント
† バンコク病院

TISCO

カフェ・ボンゴ R

東京三菱銀行

†

エバーグリーン H

サートン・ヌア通り

サートン・タイ通り

キングスマンション
フランス協会
S オーストラリア大使館
シナワット・タイシルク

スコータイ H
タイ・ワー・タワー

YWCA
・シリパッタナー・タイ語学校

H ウェスティン・バンヤンツリー
・ウェスティン・バンヤンツリースパ
YMCA H

シンガポール

ソイ・プラニット

ソイ・スアンプルー

ククリット・タイハウス

⑤王宮周辺

- モン運河
- バンコクヤイ運河
- ワット・アルン
- ワット・モシャラム
- ウィチャイ・プラシット砦
- 川沿いに建つ暁の寺
- ワット・カラヤニミット
- ラーチニー
- サンタ クルス教会
- ワット・プラケオ
- エメラルド仏とラーマキエンの壁画は必見
- 王宮
- ター・ティアン
- ワット・ポー
- 大きな寝釈迦仏が有名。マッサージや占い師も
- ダムロン通り
- マハラート通り
- チャクラポン通り
- サナーム・ルアン
- バークロン市場
- 巨大な生鮮市場と花市場
- チャクラポン通り
- アッサダン通り
- ラーチニー通り
- サラーン ロートム宮殿
- ワット・プラディット
- 外務省
- チャルーンクルン通り
- ワット・ポビット
- 巨大なロータシなど仏具を売る店が集まる
- メモリアル橋
- ラーマ1世像
- サパーンプット
- ボーチャン美術工芸大学
- バンモー通り
- ワット・ラーチャプラタ
- トリペット通り
- パクラット市場
- オールドサイアム
- セントラル S
- チャリーン ロイヤルシアター
- メリーキング
- ワット・スタート
- ミラマー H
- グランド H
- バクラット通り
- ATM S
- ATM S
- チャクラワット通り
- サムペーン
- ワット・ポビット
- 若者でにぎわうナイトマーケット
- ラーチャウォン
- ラーチャウォン通り
- クローンオーム市場
- ヤワラート通り
- ワット・ポビット
- 托鉢の鉢作りが見られる
- マハーチャイ通り
- ルアン通り
- ウォラチャック通り
- タラート・カオ(旧市場)

バンコク市街図

エリア 1 / 2 / 3（地図ラベル）

- トンブリー駅（バンコクノイ駅）
- シリラート病院 法医学博物館
- ワンラン
- プラーチャン
- マハーラート桟橋
- S&P 船着場
- バンコク・ツーリスト・ビューロー
- 国立舞踏学校
- 国立博物館
- 国立劇場
- タマサート大学
- プラチャン通り
- ナープラタート通り
- ユニセフ
- プラアティット通り
- バンランプー
- ワット・チャナソンクラム
- チャクラボン通り
- 国立美術館
- D&D
- プラスメン通り
- ワット・ボウォーニウェート
- バンランプー市場
- タナオ通り
- カオサン通り
- ワット・サンプラヤー
- プラスメン塔
- サムセン通り
- サナームルアン（王宮前広場）
- ロイヤル
- ラーチャダムヌーン・クラン通り
- ラーチャダムヌーン・ナイ通り
- ラックムアン
- 警察
- ソムデット・プラ・ピン・クラオ通り
- チャオプラヤー川
- ワット・マハン
- ワット・ラチャナダー
- マハーチャイ通り
- バンファー橋
- ディンソー通り
- プラ・スメン通り
- 民主記念塔
- プラチャティパタイ通り
- ヴィスカサート通り
- ラーチャダムヌーン・ボクシングスタジアム
- TAT
- ラーン通り
- タイ航空
- プラカオ＋ケーム
＋行き歩道橋ボート
- ナコンサワン通り
- ラン・ルアン通り
- ワット・ラチャナッダー
- プラ・カオ＋ワット・サケット
- 周辺が一望できるビューポイント
- ボリパット通り
- マハーチャイ通り
- サオチンチャー

注記（吹き出し）
- 小さなお守りを売る店がたくさん
- 格安マッサージ屋
- 凧揚げが見られる
- リアーンが見られる。おみくじも
- 有名な安宿街。雑貨や衣料品の店もたくさん
- 衣料品の市場。食堂もたくさん
- 周辺が一望できるビューポイント

施設
- バンコクノイ駅
- シアター・リバーハウス
- スパチャイ・シアター
- ラックムアン

0 — 300m

N

⑥オリエンタル周辺

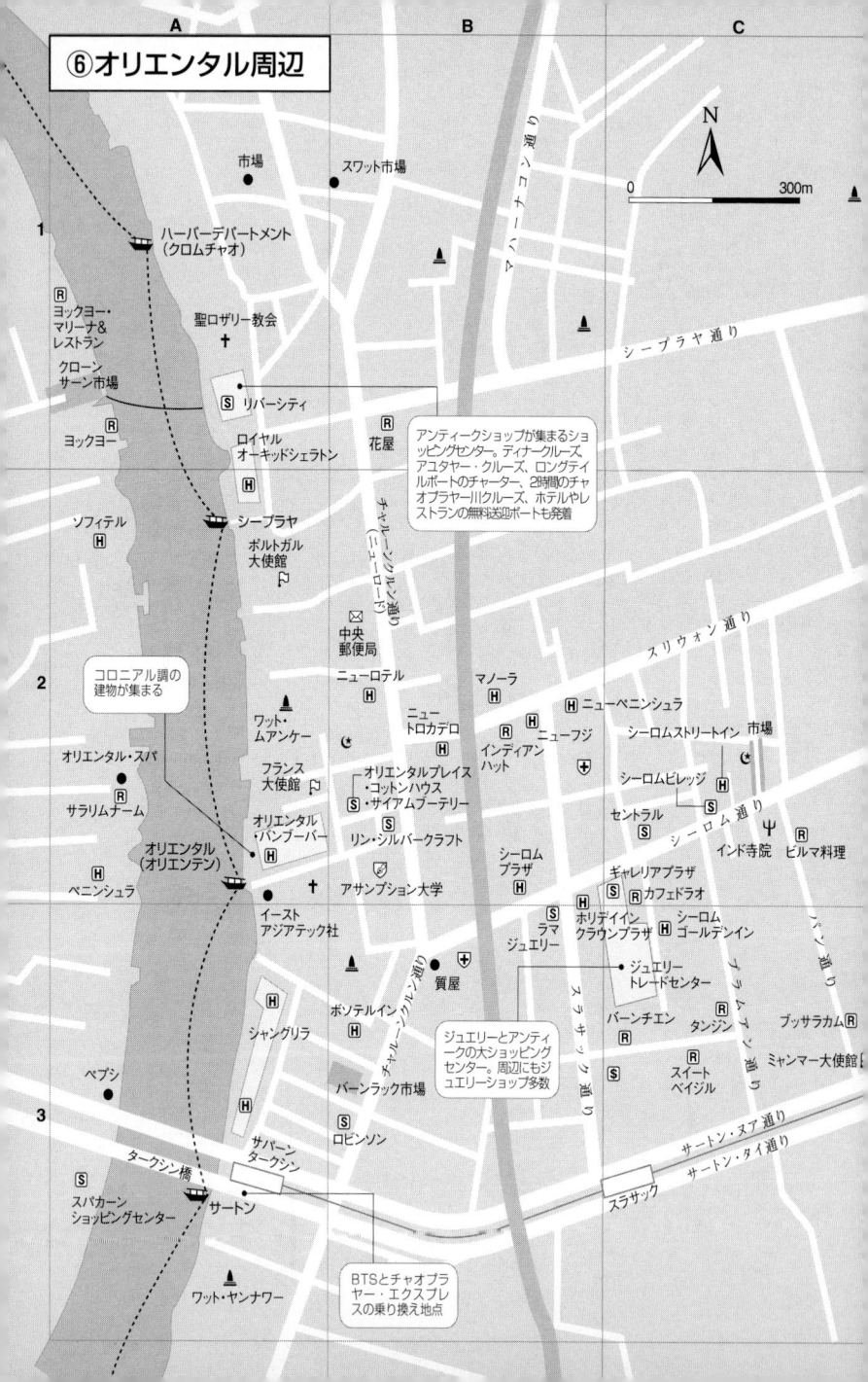

A / B / C

市場
スワット市場
ハーバーデパートメント（クロムチャオ）

N
0　　　300m

ヨックヨー・マリーナ＆レストラン
聖ロザリー教会
シープラヤ通り

クローンサーン市場
リバーシティ

ヨックヨー
ロイヤルオーキッドシェラトン
花屋

アンティークショップが集まるショッピングセンター。ディナークルーズ、アユタヤー・クルーズ、ロングテイルボートのチャーター、2時間のチャオプラヤー川クルーズ、ホテルやレストランの無料送迎ボートも発着

ソフィテル
シープラヤ
ポルトガル大使館

中央郵便局
スリウォン通り

2

コロニアル調の建物が集まる
ニューロテル
マノーラ
ニューペニンシュラ

ワット・ムアンケー
ニュートロカデロ
ニューフジ
シーロムストリートイン
市場

オリエンタル・スパ
フランス大使館
オリエンタルプレイス・コットンハウス
インディアンハット
シーロムビレッジ

サラリムナーム
オリエンタル（オリエンテン）
サイアムブーテリー
リン・シルバークラフト
セントラル
シーロム通り

ペニンシュラ
オリエンタル・バンブーバー
シーロムプラザ
インド寺院
ビルマ料理

アサンプション大学
ギャラリアプラザ
カフェドラオ

イーストアジアテック社
ラマジュエリー
ホリデイインクラウンプラザ
シーロムゴールデンイン

質屋
ジュエリートレードセンター

シャングリラ
ボソテルイン
バーンチエン
タンジン
ブッサラカム

ペプシ
バーンラック市場
スイートベイジル
ミャンマー大使館

ジュエリーとアンティークの大ショッピングセンター。周辺にもジュエリーショップ多数

3

ロビンソン
サトーン・ヌア通り
サトーン・タイ通り

タークシン橋
サパーンタークシン
サトーン
スラサック

スパカーンショッピングセンター

ワット・ヤンナワー

BTSとチャオプラヤー・エクスプレスの乗り換え地点

⑦チャイナタウン

通り・地名
- トリペット通り
- チャルーンクルン・プラパ通り
- チャルーンクルン通り
- マハーチャイ通り
- パプラット通り
- チャクラペット通り
- チャクラワット通り
- ラーチャウォン通り
- ウォラチャック通り
- スアパー通り
- ヤワラート通り
- ラーチャウォン通り
- プラーンノーク通り(ニューロード)
- ルアン通り
- ソンワット通り
- サンペーン通り(新市場)
- プラーンノーク通り(旧市場)
- ミットラパン通り
- サンティパープ通り
- クルンカセーム通り
- トライミット通り
- チャオプラヤー川

主な施設・ランドマーク
- オールド サイアム
- セントラル プラザ
- H グランドビラ
- チャイナタウン最大のショッピングセンター
- 布地市場とインド人街。本場のインドカレーが食べられる
- 日本人納骨堂
- ワット・ラーチャブラナ
- ワット・ボピット
- ワット・チャクラワット
- 激安アクセサリーや雑貨のお店がぎっしり
- ナコンカセム(泥棒市場)
- 駅の方から安い物を売る露店がずらり
- ワット・タイ・チャナソンクラム
- グランド チャイナ プリンセス H
- am/pm
- シャンハイ S バンコク銀行
- セブン イレブン S
- チャイナタウンのメインストリート
- タラートカオ (旧市場)
- 林材興業行 S
- ブンレン大金 H
- 中国大酒店
- 和成豊酒家
- キャセイ ヌードル
- タラートマイ (新市場)
- 香港ヌードル
- 南星燕窩建 R
- スカラ H
- テキサス R
- アチュア R
- ホワイト オーキッド H
- バンコク センター H
- ニュー エンパイア H
- ワット・トライミット
- 世界最大の黄金仏
- 中華門
- 夜の海鮮屋台街
- サンティパープ通り
- 台北 H
- 7月22日ロータリー
- 栄宮 H
- ワット・ターシン
- フアラムポーン駅

0 — 300m

N

索引

アウトドア …………………………111
葵 …………………………………34
アジアブックス ……………………72
アメリカ料理 ………………………36
アユタヤ ……………………………176
アユタヤ・クルーズ ………………126
アル・フセイン ……………………40
アンティーク ………………………60
アンナズ・カフェ …………………10
イサーン料理 ………………………15
遺跡を訪ねる ………………………176
伊勢丹 ………………………………47
伊勢丹向かい（屋台）………………25
イタリア料理 ………………………37
市場めぐり …………………………127
衣料品（市場）………………………132
インターナショナル・タイダンス・
アカデミー ………………………147
インド人街 …………………………136
インドネシア料理 …………………30
インドラ・ビューティー …………85
インドラ宝石店 ……………………64
インド料理 …………………………31
ウィマンメーク宮殿 ………………160
植木（市場）…………………………140
占い …………………………………108
運河ボートトリップ ………………118
映画 …………………………………112
AUAランゲージセンター …………150
S&P …………………………………8
S.F.シネマシティ …………………112
エステ ……………………………82,84
エスプレッソ ………………………41
NGOショップ ………………………61
エラワン・プーム …………………102
エンターテイメント&レジャー ……99
エンポリアム ………………………50
オーダーメイド ……………………66
オールドタイハウス ………………156
お手軽タイ料理 ……………………10
お寺めぐり …………………………166
おみやげ ……………………………128
オリエンタル ………………………173
オレ・オレ …………………………38
ガーデンテラス ……………………23
カオサン通り ………………………132
格安エステ …………………………86
各国料理 ……………………………27
カニチャ ……………………………12
カフェ ………………………………42
カフェ&スイス料理 ………………44
カフェ・スイス ……………………44
ガボレ ………………………………28
カムティエン・ハウス ……………158
カリプソ・キャバレー ……………90
韓国料理 ……………………………28
紀伊國屋書店 ………………………72
キャバレーショー …………………90
Qバー ………………………………98
宮廷料理 ……………………………18
宮殿 …………………………………160
空港から市内へ ……………………198
ククリット・タイハウス …………159
グランデ・スパ ……………………83
クレープ&Co. ………………………43
クレット島 …………………………182
黒田 …………………………………35
ゲイソーンプラザ …………………52
競馬 …………………………………110
劇場 …………………………………105
景色を楽しむ ………………………170
現代劇 ………………………………104
現地ツアーを利用する ……………197
高級スパ ……………………………83
高級デパート ………………………50
ゴールド ……………………………62
コカ …………………………………14
国立劇場 ……………………………105
国立博物館 …………………………162
国立美術館 …………………………164
コットンハウス ……………………66
コロニアル・レジェンド …………60
コンピュータ ………………………70
サイアムブーテリー ………………69
サパーンプット ……………………131
サラタイ ……………………………100
サントス ……………………………97
サンペン・レーン …………………137
CD ……………………………………71
シーファー …………………………9

シーフード	16
シーロー	203
シーロム通りソイ4とその周辺のディスコ	92
シーロム通りソイ10（屋台）	24
ジッティ・ジム	153
知っておくと便利な場所	205
ジム・トンプソン	58
ジム・トンプソンの家	156
シャングリラ	32
ジュエリー	64
ショーレストラン	100
ショッピング	45
ショッピングセンター	46
シルク＆コットン	58
シルバー	63
スアンパッカード宮殿	161
水上マーケット	122
スカイトレイン（BTS）	200
スクムビット通り	172
スパッソ	94
スパトラー・リバーハウス	21
スペイン料理	38
セニョール・ピコ	39
センセーブ運河	120
セントラル・チットロム店	49
ソイ・ギンペット	26
ソイ・スリウォン	77
ソイ・テキサス	17
ソイ・バーンバート	174
そごう	48
ソムブーン	16
ター・プラチャン	109
タイ・セラドン	56
タイカルチャーセンター	105
タイ古式マッサージ	74
タイ語短期学習	148
タイ雑貨	52
タイスキ	14
タイダンス	102
タイダンス（学校）	147
ダイビング	154
ダイブ・バンコク	154
タイ文化体験	142
タイ料理	7
タイ料理（学校）	145
タクシー	203
タニカ	67
伊勢丹向かい（マッサージ）	80
タプティム・サイアム	101
ダムヌーンサドゥアック	124
タリンチャン	122
タルーンビューティー	86
タワー・レコード	71
タンジン	19
チオリ	57
チャイナジャーナル	42
チャイナタウン	137
チャオプラヤー・エクスプレス	116
チャオプラヤー川クルーズ	116
チャトチャック・ウィークエンドマーケット	128
中・高級タイ料理	12
中華料理	32
中近東料理	40
ディスコ	92
ディナークルーズ	114
テウェート	140
テーマパーク	184
デパート	48
伝統工芸に親しむ	180
陶磁器	56
煒剛文記大金行	62
トゥクトゥク	203
トンブリー運河	118
トンロータイ語学校	149
ナイトマーケット	130
ナイトライフ	89
ナビンハウス	55
ナライパン・パビリオン	53
ナリン	68
ナンダクワン	59
ニールズ・タバーン	36
日本料理	34
ネイルカフェ	88
ネイルサロン	88
バー	96
バイクタクシー（モーターサイ）	203
パーククローン市場	138
ハーブ	65
パール・オブ・サイアム	115
バーン・カニタ	13
バーン・ラーオ	15
バーン・ワサナ	143
バーンサイ・アート＆クラフトセンター	180

バーンパーサータイ	151
バーンパイン宮殿	179
バーンラック市場	139
バンランプー	132
博物館	155,162
パサンド	31
バス	202
パッポン	130
パトラワディ・シアター	104
ハナコ・トーキョー	84
花・生鮮食品（市場）	138
パフラット	136
バリ	30
バンコク歩きの豆知識	185
バンコク基本情報	206
バンコク市内の交通	200
バンコクでインターネット	196
バンコクで学ぶ	141
バンコクの散歩道	172
バンコクのホテル	186
バンコク街歩き	165
パンティープ・プラザ	70
パンパン	37
バンブー・バー	96
皮革製品	69
美術館	164
BTS（スカイトレイン）	200
ビュッフェ	41
ファミレス	8
ブーカオ・トーン	171
フードセンター	22
フォー	29
仏教世界に触れる	172
ブッサラカム	18
ブッダ・マーケット	175
フットマッサージ	81
プラチャン通りのハーブ屋	65
プラチャン通り（マッサージ屋）	79
プラトゥーナム	134
ブリックキーヌー	11
ベトナム料理	29
ペニュンシュラ・プラザ	51
ベルリッツ	151
ボイスホビークラブ	144
法医学博物館	163
ポー・マッサージ	78
ポーベー	135
ボランティアショップ	61

本	72
マーブンクローンセンター（MBK）	46
マーブンクローンセンター（フードセンター）	23
マッサージ	146
マッサージ＆エステ	73
マリサ ランゲージスクール	142
マンボ	91
ミスターフィート	81
水辺の旅	113
ムアンボーラーン	184
ムエタイ	106
ムエタイ（ジム）	153
瞑想	152
メーンポーン	71
メキシコ料理	39
メジャー・シネプレックス	112
メタルゾーン	95
モーターサイ（バイクタクシー）	203
モンティエンホテル	108
屋台街	24
ユナイテッドセンター3階	22
ヨックヨー・マリーナ＆レストラン	20
ラーシサヤーム	54
ラーチャダムヌーン・スタジアム	107
ライブハウス	94
ラックムアン	103
ラバンス	87
リケー	103
リバーサイド（レストラン）	20
遼寧餃子館	33
リン・シルバークラフト	63
ルンピニー公園	111
ルンピニー・スタジアム	107
ロイナバ・ディナークルーズ	115
ロイヤルバンコク・スポーツクラブ	110
ワールドトレードセンター	47
ワット・アルン	170
ワット・トライミット	167
ワット・プラケオ	168
ワット・ポー（占い）	109
ワット・ポー	166
ワット・ポー（マッサージ）	76
ワット・ポー・マッサージスクール スクムビット校	146
ワット・マハータート	152
ワット・ラカン	169
リンピィー料理学校	145

仲間美紀（なかま　みき）
早稲田大学第一文学部卒。フリー編集・執筆者。タイや周辺国には仕事と趣味を兼ねて足繁く通う。バンコクでのおすすめは韓国料理とマッサージ。ビジネスの分野で著書多数。東京都在住。

佐倉弥生（さくら　やよい）
神奈川県出身。フリーライター。94年から7年間をタイで過ごし、地元新聞・雑誌社に勤務する。著書に『タイで働く』（めこん刊）。東京都在住。

ひとり歩きのバンコク

初版印刷　2001年8月10日
第1刷発行　2001年8月20日

定価1500円＋税

編集・制作　ドリアンプレス
著者　仲間美紀　佐倉弥生
装丁　渡辺恭子
協力　タイ政府観光庁
発行者　桑原晨
発行　株式会社めこん
〒113-0033 東京都文京区本郷3-7-1
電話03-3815-1688　FAX03-3815-1810
mekong@bolero.plala.or.jp
http://www.mekong-publishing.com
印刷・製本　モリモト印刷株式会社

ISBN 4-8396-0146-1 C0030 ¥1500E
0030-0104144-8347